班组安全建设100例丛书

班组现场安全管理100例

崔政斌　赵海波　编著

BANZU
XIANCHANG ANQUAN GUANLI
100LI

化学工业出版社
·北京·

内 容 简 介

《班组现场安全管理100例》是“班组安全建设100例丛书”中的一个分册。

本书分为班组现场安全环境条件，班组现场安全管理方法，班组现场安全问题对策，班组现场安全思想方法四个方面的内容。

生产现场是班组安全的重点，而班组生产性质不同，产品不同，所使用的方法和遇到的问题也不同。因此，本书遴选了100个例子对班组现场安全管理方法进行详细介绍。本书部分内容配有视频讲解，读者可通过扫描二维码观看。

本书既可作为企业各级管理者，特别是班组长和班组员工在工作中的工具书，也可作为有关院校的师生在教学实践中的参考用书。

图书在版编目（CIP）数据

班组现场安全管理100例/崔政斌，赵海波编著．—北京：化学工业出版社，2021.2（2024.1重印）
（班组安全建设100例丛书）
ISBN 978-7-122-38163-7

Ⅰ.①班… Ⅱ.①崔…②赵… Ⅲ.①班组管理-安全管理-案例 Ⅳ.①F406.6

中国版本图书馆CIP数据核字（2020）第243281号

责任编辑：高 震 杜进祥　　文字编辑：林 丹 段曰超
责任校对：李雨晴　　装帧设计：韩 飞

出版发行：化学工业出版社（北京市东城区青年湖南街13号 邮政编码100011）
印　　装：大厂聚鑫印刷有限责任公司
710mm×1000mm 1/16 印张12¼ 字数199千字
2024年1月北京第1版第4次印刷

购书咨询：010-64518888　　售后服务：010-64518899
网　　址：http://www.cip.com.cn
凡购买本书，如有缺损质量问题，本社销售中心负责调换。

定　　价：48.00元

丛书序

2004年，我们出版了《班组安全建设方法100例》，之后又出版了《班组安全建设方法100例新编》，紧接着出版了《班组安全建设方法100例》第二版、第三版和《班组安全建设方法100例新编》第二版。在这十几年的时间里，我们共出版班组安全图书5种，为满足广大读者的需求，多次重印，累计发行超过10万册。这也说明，班组的安全工作是整个企业安全工作的基础，班组安全工作的顺利进行，企业的安全工作即顺利进行，这是广大企业的共识。

我们感觉到，虽然班组安全建设图书得到了广大读者的厚爱，但是，反过来再看这些出版了的班组安全建设图书，总觉得有些不全面、不系统、不完善。很有必要把原先的好的班组安全管理方法保留下来，增加、充实一些诸如班组现场安全管理、班组安全操作规程、班组安全教育和班组安全文化方面的内容，形成一套系列丛书，可能会对企业班组和广大班组员工的安全生产、安全管理、安全检查、安全教育、安全法制、安全思想、安全文化等诸方面起到不一样的引导、促进作用。于是，我们在原来班组安全图书的基础上，进行了扩充、完善和增补，形成了“班组安全建设100例丛书”。该丛书包括《班组长安全管理妙招100例》《班组现场安全管理100例》《班组安全操作规程100例》《班组安全教育100例》《班组安全文化建设100例》。

《班组长安全管理妙招100例》基本上是优选的管理经典，结合现在企业班组安全管理和班组长的状况，我们从生产一线精选出100个密切联系实际、贴合班组、心系员工的例子，来给广大班组长安全管理出主意、想办法、共谋略、同发展。

《班组现场安全管理100例》按照一般企业班组现场安全生产和安全管理的要求，从现场的应急与救护、现场作业的安全方法、现场安全管理的国家政策以及现场安全思想工作方法，用100个例子全面系统地加以阐述，其目的是想给班组现场安全管理提供一些思路和方法。

《班组安全操作规程100例》包含建筑施工、机械、电工、危险化学品四个行业的常用安全操作规程。建筑施工比较普遍，现代化建设离不开建筑施工。机械的规程是必须要有的，因为机械工业是一切工业之母。电工作业安全规程也是必不可少的，因为工业生产的动力之源主要是电源。另外，危险化学品的生产、操作、储存、运输环节都是危险的，很有必要汇入本分册中。

《班组安全教育100例》针对原书中方法较少的不足，新增大部分篇幅，对班组安全教育应“寓教于乐”、班组安全教育方法、班组安全工作谈话谈心教育以及新时期班组安全教育探讨，均做了一定的归纳、整理和研究。旨在让广大员工在进行安全教育活动时，能够取得好的成绩和效果。

《班组安全文化建设100例》从企业安全文化发展的趋势以及班组安全文化建设的思路、方法、思想等方面进行研究和探索。从班组安全文化建设的基本方法、班组安全文化建设的思想方法、班组安全文化建设的管理方法和班组安全文化建设的操作方法四个方面全面论述班组安全文化建设，为班组提供安全文化建设方法和食粮。

在我们编写这套丛书的过程中，化学工业出版社有关领导和编辑给予了悉心指导和大力帮助，在此出版之际，表示衷心的感谢和诚挚的敬意。也感谢参与本丛书编写的各位同志，大家辛苦了。

崔政斌

2020年9月于河北张家口

前言

班组是企业的细胞，是企业组织职工从事生产劳动的最基本的单位，企业的各项工作任务都要通过班组来落实。班组安全管理工作也是如此。安全管理工作的实质是保证职工的人身安全和健康，保证国家和集体财产的安全，保证生产劳动得以顺利进行。企业绝大多数职工在班组，绝大多数机械、设备归班组使用和维护，班组是有效控制事故的前沿阵地。因此，安全管理必须从班组抓起。抓好班组安全管理，扎扎实实地打好安全工作、预防事故的基础，就抓住了企业安全管理的大头。只有抓好班组安全管理，使“安全第一、预防为主、综合治理”的方针和企业的各项安全工作真正落实到班组，企业安全生产的基础才会牢固。

班组安全管理的重点在现场，现场是班组把可能的生产力转变为实际生产力的平台和条件。因此，加强班组现场安全管理是班组安全生产的主要任务。基于此，我们在以往班组安全管理工作的基础上，精心归纳、整理、编排、梳理出班组现场安全管理的 100 个例子，旨在为广大企业班组人员提供一本适用性强、可读性强的读本。

本书分为四章，第一章为班组现场安全环境条件；第二章为班组现场安全管理方法；第三章为班组现场安全问题对策；第四章为班组现场安全思想方法。全书在这四个方面用 100 个例子进行研究和探索，为班组安全建设尽一点微薄之力。本书部分内容配有视频讲解，读者扫描书中二维码，在手机上即可观看，帮读者深入理解。本书所配视频由“化工安全教育公共服务平台”提供，在此表示衷心感谢。

本书在编写过程中得到了石跃武、崔佳、李少聪、范拴红、杜冬梅等同志的大力支持和帮助，他们对本书编写中的资料收集、文字输入、阅稿、校稿、审稿等工作付出了辛勤的劳动，在此表示衷心的感谢。

本书的编写得到了化学工业出版社有关领导和编辑的悉心指导，在此出版之际，也表示诚挚的谢意。

由于笔者水平所限，书中难免存在疏漏，敬请读者指正。

崔政斌　赵海波

2021 年 1 月

目录

第一章　班组现场安全环境条件

1. 班组长的安全素质要求 …… 002
2. 班组安全员是现场安全的中坚 …… 003
3. 班组应开展丰富多彩的安全活动 …… 005
4. 用“四懂三会”创造安全生产条件 …… 006
5. 设备的本质安全是班组安全生产的基础 …… 007
6. 精心维护保养设备是班组现场安全的重要一环 …… 008
7. 班组现场安全管理方法要点 …… 010
8. 如何创新班组现场安全管理方法 …… 011
9. 新时期班组安全管理方法探索 …… 012
10. 目视管理是班组现场安全的重要方法 …… 015
11. 制度是班组安全工作的基石 …… 017
12. 规程是班组安全操作的依据 …… 018
13. 作业标准是班组安全工作的导向 …… 020
14. “四懂四会”是消防工作的对策 …… 021
15. 职业卫生是班组员工身心健康的需求 …… 022
16. 营造优美和谐环境，提升员工幸福感 …… 023
17. 开展“信得过”活动是班组安全生产的保障 …… 025
18. 团结协作是班组反事故的利器 …… 026
19. 看板管理是班组现场安全管理的有效途径 …… 028
20. 无伤害管理确保班组现场安全运行 …… 029

第二章　班组现场安全管理方法

21. 班组如何开展“6S”管理 …… 033

22. 漫谈班组作业场所布置 …… 035
23. 班组动火、用火作业安全 …… 037
24. 防坠落用品安全技术 …… 040
25. 安全把关有“四忌” …… 042
26. 高层建筑防火之策 …… 044
27. 女职工是劳动保护的特殊群体 …… 046
28. 把隐患评估放在班组 …… 047
29. 合理使用个体防护用品 …… 049
30. 泄漏物处置二三事 …… 051
31. 作业场所危险辨识、隐患查找 …… 053
32. 班组应预防振动和振动病 …… 055
33. 化工操作中工艺参数的重要性 …… 057
34. 化工生产过程的安全控制 …… 059
35. 确保压力容器的安全运行 …… 061
36. 压力容器定期检验要领 …… 062
37. 压力容器耐压试验要领 …… 065
38. 静电安全防护办法 …… 067
39. 检修班组检修前的安全准备 …… 070
40. 进入受限空间作业安全要领 …… 072
41. 班组动土作业安全 …… 074
42. 设备检修后的收尾工作 …… 076
43. 石油化工装置消防水系统的维护与使用 …… 077
44. 生产现场安全阀的操作与维护 …… 079
45. 低温作业对人体的影响及防护 …… 082
46. 冲压机械伤害的预防 …… 084
47. 机械制造职业危害因素及防护对策 …… 086
48. 防止电气误操作方法 …… 089
49. 油断路器爆炸的预防 …… 091
50. 电焊工的职业危害与预防 …… 093
51. 噪声污染及防治 …… 095
52. 焊接作业过程中的防火、防爆 …… 097
53. 盲板抽堵作业的安全要求 …… 099

54. 起重作业的安全注意事项 …………………………… 101
55. 高频辐射的危害及防护措施 ………………………… 105
56. 可移动电器的安全使用 ……………………………… 106
57. 化学滤毒盒的正确使用 ……………………………… 108
58. 起重作业事故隐患 …………………………………… 111
59. 建筑施工的安全措施 ………………………………… 113
60. 液化石油气瓶安全自查“五法” …………………… 114
61. 便携式可燃气体检测器使用注意事项 ……………… 116
62. 起重机操作“三要素” ……………………………… 118
63. 锅炉的运行调节 ……………………………………… 120

第三章 班组现场安全问题对策

64. 现场必须控制人的不安全行为 ……………………… 123
65. 现场不可忽视物的不安全状态 ……………………… 124
66. 班组员工要选择适宜的操作方式 …………………… 126
67. 班组员工要保持良好的工作状态 …………………… 127
68. 运用作业确认制，确保班组生产安全 ……………… 128
69. 班组如何克服不安全行为 …………………………… 130
70. 班组做好施工现场安全工作的做法 ………………… 131
71. 班组隐患治理的原则与措施 ………………………… 135
72. 班组动火作业安全注意事项 ………………………… 137
73. 高处作业过程中的安全要求 ………………………… 138
74. 受限空间作业安全措施 ……………………………… 140
75. 使用安全帽的注意事项 ……………………………… 142
76. 安全检查表的编制与运用 …………………………… 143
77. 色彩对人心理的影响及安全运用 …………………… 146
78. 精细化是确保安全的必由之路 ……………………… 147
79. 安全检修“三位一体”作业促进班组安全稳定 …… 149
80. HAZOP 分析方法的应用 ……………………………… 151

第四章 班组现场安全思想方法

81. 沟通是安全员的基本功 ……………………………… 155

82. 善于优化员工成才的环境 …………………………… 157
83. 努力消除班组的内耗 ……………………………… 158
84. 把握好班组班子团结的“四个关系” ……………… 158
85. 正确看待员工的缺点 ……………………………… 160
86. 导致班组长安全工作决策失误的因素 ……………… 162
87. 员工安全工作不力怎么办 …………………………… 163
88. 做好“贯彻落实”的方法 …………………………… 165
89. 用科学的思维对待安全生产问题 ………………… 166
90. 善于给有怨气的员工消气 …………………………… 167
91. 员工在安全工作中有过失怎么办 ………………… 169
92. 增强班组安全工作表扬的效果 …………………… 170
93. 讲好安全生产大道理 ……………………………… 171
94. 如何凝聚涣散的人心 ……………………………… 173
95. 帮助员工渡难关 …………………………………… 174
96. 正确运用批评语言 ………………………………… 175
97. 赢得员工发自内心的尊重 ………………………… 176
98. 给员工一个勤奋工作的理由 ……………………… 178
99. 班组安全工作谈心的“甜酸苦辣” ……………… 179
100. 班组安全工作要善于增强亲和力…………………… 181

参考文献

第一章
班组现场安全环境条件

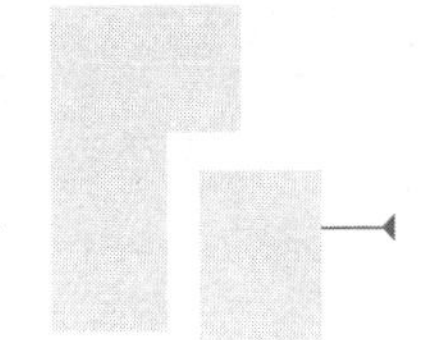

本章导读

本章从“人、机、料、法、环”五个方面，用20个办法，详细介绍班组安全生产的环境和基本条件。本章既有对班组长素质的要求，也有对班组安全员素质的要求；既有对设备的本质安全、设备的维护保养，也有班组安全管理的制度、规程、标准等。在班组现场安全管理方面有目视化管理、看板管理、目标管理、团结协作等。在班组现场安全环境方面有职业卫生管理、环境保护管理等。

班组现场安全管理是班组安全生产的核心，而班组现场的安全环境和条件是实施安全作业与安全管理的基础，这方法会对班组现场安全管理提供有益的帮助和借鉴。

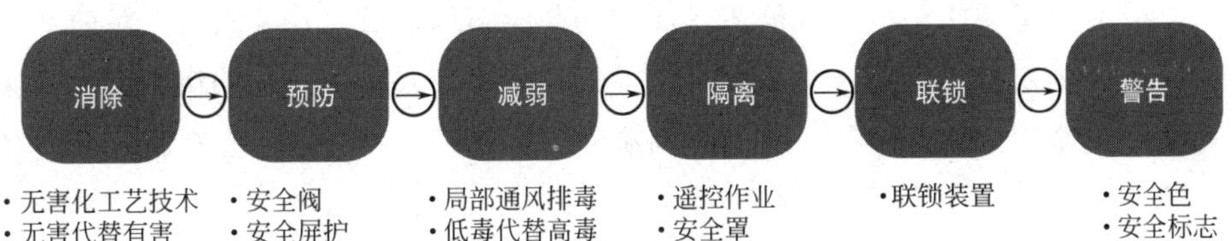

1. 班组长的安全素质要求

(1) 思想政治素质

班组长应具有较强的事业心和责任感，这是当好班组长的首要条件。安全

生产，人命关天。安全管理工作是一项非常实际的工作，容不得半点马虎和虚假。因此，班组长要有高度的责任心和认真负责的工作态度。

(2) 专业技术素质

具有较强的专业技能，熟悉有关的安全法规和制度规程，是当好班组长的重要条件。俗话说："打铁先得自身硬。"班组长虽是"芝麻官"，但他是班组的"脊梁"。这就要求班组长具有过硬的专业技能，应熟悉生产工艺，有丰富的生产实践经验，熟练掌握所从事的岗位技术。另外，班组长应熟悉有关的安全法律、法规，懂得劳动保护和安全技术知识，具备辨别危险、控制事故的能力。

(3) 组织管理素质

具有一定的组织和管理能力，能带领和团结员工进行安全生产，是当好班组长的基本要求。班组长应掌握科学的管理方法，并具备一定的组织能力，保障班组安全生产顺利进行，努力提高班组整体管理水平和员工业务技能。

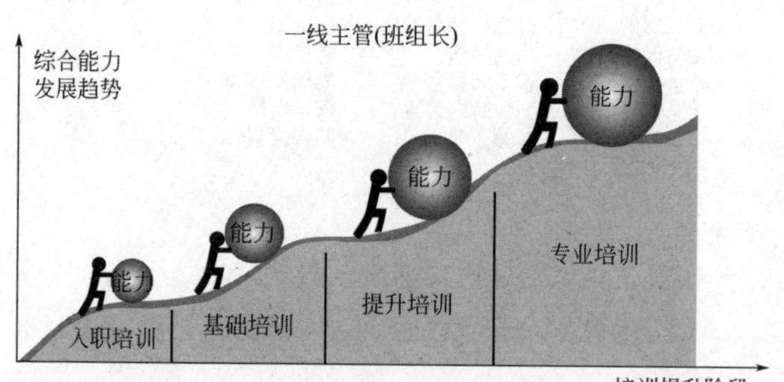

(4) 文化素质

具有一定的科学知识，是当好班组长的文化基础。科学知识是提高业务能力的基础。安全生产是一门综合性科学，需要多方面的知识。有了一定的科学知识，才能适应现代安全管理的需要。

(5) 心理、身体素质

能团结员工，身体素质良好，是当好班组长的必要条件。班组长在班组中充当“员工的知心人”的角色，因此要善于与员工交流沟通，能够了解员工的心理，调动员工的工作积极性。当然，班组长具有良好的身体素质，带头完成安全生产任务，是做好班组长本职工作的前提和保障。

2. 班组安全员是现场安全的中坚

(1) 对班组安全员的素质要求

a. 要有良好的政治素质。班组安全员要自觉服从企业生产运行大局，在实践中应坚持正确的安全工作方向，在重大原则问题上要旗帜鲜明，服从和服务于安全生产大局。

b. 要有较高的理论素养。要求班组安全员在“用科学理论武装人”的过程中，努力提高自身的安全理论水平，努力提高自己的安全理论素养，用以指导安全工作实践。

c. 要有广博的安全知识。安全工作涉及法律、经济、科技、文化等各个方面，要求班组安全员具有广博的知识，能更好地解决工作中的实际问题。

d. 要有踏实的工作作风。班组安全员的工作责任大、任务重，他们必须有踏实的工作作风。一要调查研究，它是成事之基、谋事之道；二要联系实际，掌握第一手材料，探求解决问题的方法和途径。

e. 要有严明的组织纪律。班组安全员要成为遵守纪律的模范。要规范员工的安全行为，首先自己应带头遵章守纪，自觉执行各项安全规章制度，保证安全工作正常有序进行。

f. 要有敬业精神。班组安全工作，比较枯燥乏味，但工作任务却很繁重。因此，要求班组安全员必须具备敬业精神，热爱安全工作，具有从事安全工作的光荣感和使命感。

(2) 班组安全员的职责

a. 贯彻执行企业和车间对安全生产的指令和要求，全面负责本班组的安全生产。

b. 组织职工学习并贯彻执行企业、车间各项安全规章制度和安全技术操作规程，教育员工遵章守纪，制止违章行为。

c. 组织并参加班组安全活动日及其他安全活动，负责安全活动记录，提出改进安全工作的意见和建议。坚持班前讲解安全、班中检查安全、班后总结安全。

d. 负责对新工人（包括实习、代培人员）进行岗位安全教育。组织岗位技术练兵和开展事故预案演练。

e. 负责班组安全检查，发现不安全因素及时组织力量消除，并报告上级。发生事故立即报告，组织抢救，保护好现场，做好详细记录，参加事故调查、分析，落实防范措施。

f. 负责生产设备、安全装备、消防设施、防护器材和急救器具的检查维护工作，使其保持完好和正常运行。督促和教育员工合理使用个人防护用品、用具，正确使用灭火器材。

g. 负责班组安全建设，提高班组安全管理水平。保持生产作业现场整齐、清洁，实现文明生产。

(3) 现场安全管理

班组安全员有的是专职安全员，有的是兼职安全员。在工作现场时间最长的是班组安全员。首先，班组安全员要不断提高个人业务水平，从而提高自身的安全管理能力。其次，班组安全员要组织好班组的安全培训，让安全意识牢牢树立在每个人的心中。在履行岗位职责时不仅要敢说敢管，对违章行为做到“四不放过”，而且也要与班组成员形成良好的沟通，要尽量得到班组成员的支持和理解。班组安全员带领大家认真学习有关规程和事故案例，使员工意识到违章的危害。班组成员对班组安全员在安全管理中的行为和言语要服从和理解。

3. 班组应开展丰富多彩的安全活动

(1) 班前、班后会

a. 上班开工前必须开班前会，结合当班工作任务、工作特点、设备状况，做好事故预防，布置安全措施，讲解安全注意事项。

b. 下班后应开好班后会，做好“三评”（评工作任务完成情况，评工作中安全生产情况，评工作中安全措施执行情况），找出经验教训，开展批评与自我批评。

(2) 安全日活动

a. 每周或每个轮值进行一次安全日活动，时间不少于 2 小时，活动内容应联系班组实际情况、内容充实、形式多样、有针对性，活动结束后应进行总结，并做好记录。

b. 安全日活动的主要内容。学习上级有关安全生产的规程、制度、文件、通报等。交流安全生产的经验，包括领导、班组、个人对班组安全生产的体会和看法，“四不伤害”和反违章的经验和体会。评议班组安全生产中的好人好事，在本班组习惯性违章的表现，本班组和其他班组发生的不安全情况。分析班组安全管理中存在的问题，研究改进措施。检查班组安全生产中存在的问题，重点检查设备和系统存在的隐患，探讨消除这些隐患的方法。“两票三制”执行情况，安全工具、器具完好情况，现场安全设施和工作现场安全措施完善情况，有无违章情况。

(3) 安全月活动

a. 每年的 6 月份为安全月。活动后应有书面的总结。

b. 班组应根据公司、部门的部署，结合班组实际认真组织本班组的安全月活动，对班组安全生产工作进行一次全面系统的回顾、检查、总结，找出问题，提出并落实整改措施。

c. 安全月活动的内容。班组人员应参加公司、部门和班组组织的各项安全活动。安全月活动要对班组安全管理工作进行全面的检查、分析、总结，找出问题，研究改进措施。对班组制定的安全规章制度进行全面的清理和检查，修订不适应部分。对班组管理的设备进行全面的检查，找出隐患和薄弱环节，提出对策。对班组发生的不安全情况进行全面回顾、评议，从中吸取教训。对本班组发生的违章情况进行全面的评议，补充本班组的“班组习惯性违章案例”。对班组安全目标完成情况进行全面的评价，进一步落实保证措施。开展形式多样、活泼生动的安全宣传教育活动。

4. 用“四懂三会”创造安全生产条件

（1）什么是“四懂三会”

“四懂三会”即懂原理、构造、用途、性能，会操作、维护、排除故障。日常点检：设备的日常维护主要是点检，每班进行一次，按“点检卡”或保养规程要求由操作者进行。日常点检中，重点是要加强设备的检查、调整和管理。

（2）如何落实“四懂三会”

a. 懂原理。懂原理就是要搞清楚本班组或本岗位所从事的工作的原理，如工艺原理、设备原理、操作原理、检修原理等。只有弄懂了它们的工作原理，才能保证安全生产。

b. 懂构造。构造是指在班组生产中所使用的设备和工、器具的结构。员工在工作中只有弄清楚这些设备和工、器具的构造，才能在操作中正确使用，保证其正常运行和安全使用。懂构造不是一般意义上的懂，而是在使用中能熟练运用人机工程原理和方法去使用设备和工、器具，从而落实操作中的安全。

c. 懂用途。班组员工在操作设备时，必须知道所操作设备的用途和作用。只有这样，才能明白设备的重要程度和操作的危险程度。懂用途是对操作人员的基本要求，落实“懂用途”就是对安全生产的基本要求，也是保障安全生产的基本条件。

d. 懂性能。性能是指产品的功能和质量两个方面。功能是构成竞争力的首要因素。质量是指产品能实现其功能的程度和在使用期内功能的保持性，质量可以定义为“实现功能的程度和持久性的度量”。

e. 会操作、维护、排除故障。“三会”是对班组员工的工作要求和安全要求。会操作是员工工作的基本条件。会维护，也是和操作紧密相连的，只有维护好设备或装置，才能使生产正常进行。会排除故障是操作人员技能的升华，是一个优秀的操作人员必须具备的素质。“三会”是安全生产的基本要求，“三会”是安全生产的基本条件，“三会”是安全生产的基础保障，“三会”创造了安全生产的环境和条件。

(3) 执行“四懂三会”的意义

执行“四懂三会”就是执行安全生产的基本要求，就是按照操作规程办事，就是班组成员认真落实“安全第一、预防为主、综合治理”的安全生产方针，就是落实“谁主管、谁负责”的安全生产原则，就是安全生产、企业发展的重要保障，这是在班组生产经营中贯彻的一个重要理念。

5. 设备的本质安全是班组安全生产的基础

(1) 本质安全

本质安全，就是通过追求企业生产流程中人、物、系统、制度等诸要素的安全可靠、和谐统一，使各种危险因素始终处于受控制状态，进而逐步趋近本质型、恒久型安全目标。本质安全型员工可通俗解释为想安全、会安全、能安全的人，即具备自主安全理念，具备全面的安全技能，在可靠的安全环境之下，能保证安全生产的生产管理者和作业者。本质安全型企业指在存在事故隐患的环境条件下能够依靠内部系统和组织保证长期安全生产的企业。该类型企业的安全管理建立在对事故致因理论研究的基础上，并建立了科学的、系统的、主动的、超前的、全面的事故预防体系。

(2) 设备的本质安全是安全生产的基础

要预防事故发生，就必须消除物的不安全状态。本质安全的设备具有高度的可靠性和安全性，可以避免事故，减少设备故障，实现安全生产。

从人机工程学角度来说，发生事故的根本原因是没有做到人-机-环境系统的本质安全化。因此，要对人-机-环境系统做出完善的本质安全化设计，并使系统中物的安全状态达到本质安全程度。要实现设备的本质安全，应从以下三方面入手。

a. 设计阶段。采用技术措施来消除危险，使人不可能接触或接近危险区。如在设计中对齿轮采用远距离润滑或自动润滑，既可避免因加润滑油而接近危险区，又将危险区完全封闭；采用安全装置，或实现机械化和自动化等。

b. 操作阶段。建立有计划的维护保养和预防性维修制度；采用故障诊断技术，对运行中的设备进行状态监督；避免或及早发现设备故障，对安全装置定期检查，保证安全装置始终处于可靠和待用状态，提供必要的个人防护用品等。

c. 管理措施。指导设备的安全使用，向用户及操作人员提供有关设备危险性的资料、安全操作规程、维修安全手册等技术文件；加强对操作人员的教育和培训，提高工人发现危险和处理紧急情况的能力。

6. 精心维护保养设备是班组现场安全的重要一环

(1) 设备维护保养的目的

a. 延长设备使用寿命。应本着抓好“防”重于“治”这个环节，使设备少出故障，减少停机维修的时间，提高机器设备的使用寿命。

b. 间接节约使用成本。设备维护保养直接关系到设备能否长期保持良好的工作精度和性能，关系到加工产品的质量，关系到工厂的生产效率和经济效益。

c. 避免生产事故的发生。设备的管理和维护质量，关系到设备的故障率和作业率、工作性能和安全性能。设备维护保养得好，则可在一定程度上避免生产事故的发生。

(2) 设备的维护保养

a. 设备的日常维护保养。设备的日常维护保养一般有日保养和周保养，又称为日例保和周例保。

日例保由设备操作工人当班进行，认真做到班前四件事、班中五注意和班后四件事。

班前四件事：消化图样资料，检查交接班记录；擦拭设备，按规定加润滑油；检查手柄位置和手动运转部位是否正确、灵活，安全装置是否可靠；低速运转检查传动是否正常，润滑、冷却是否畅通。

班中五注意：运转声音；设备的温度、压力、液位、电气、液压、气压系统；仪表信号；安全保险；环境。

班后四件事：关闭开关，所有手柄放到零位；清除铁屑、污染物，擦净设备导轨面和滑动面上的油污，并加油；清扫工作场地，整理附件、工具；填写交接班记录和设备运转台时记录，办理交接班手续。

周例保由设备操作工人在每周末进行，保养时间：一般设备 2 小时，精（精密的设备）、大（较大的设备）、稀（稀少的设备）设备 4 小时。

外观：擦净设备导轨、各传动部位及外露部分，清扫工作场地。达到内外洁净、无死角、无锈蚀，周围环境整洁。

操纵传动：检查各部位的技术状况，紧固松动部位，调整配合间隙。检查联锁、保险装置。达到传动声音正常、安全可靠。

液压润滑：清洗油线、防尘毡、滤油器，往油箱添加油或换油。检查液压系统，达到油质清洁，油路畅通，无渗漏，无研伤。

电气系统：擦拭电动机、蛇皮管表面，检查绝缘、接地，达到完整、清洁、可靠。

b. 一级保养。一级保养是以操作工人为主，维修工人协助，按计划对设备局部拆卸和检查，清洗规定的部位，疏通油路、管道，更换或清洗油线、毛毡、滤油器，调整设备各部位的配合间隙，紧固设备的各个部位。一级保养所用时间为 4～8 小时，一级保养完成后应做记录并注明尚未清除的缺陷，由车间机械员组织验收。一级保养的范围应是企业全部在用设备，重点设备应严格执行一级保养。

c. 二级保养。二级保养是以维修工人为主，操作工人参加。二级保养列入设备的检修计划，对设备进行部分解体检查和修理，更换或修复磨损件，清洗，换油，检查修理电气部分，使设备的技术状况全面达到设备完好规定标准的要求。二级保养所用时间为 7 天左右。

总之，对于设备的保养和维护工作而言，技术容易掌握，保养成本也比较低，因此机械设备的维护保养工作是易于实现的工作。但是，机械设备的维护保养的益处却是显而易见的，做好机械设备的维护保养工作可以有效降低其故障率，延长使用寿命，同时也可降低因机械故障导致生产任务延期和发生事故的风险。因此，设备的维护保养是班组现场安全的重要一环。

7. 班组现场安全管理方法要点

（1）安全巡检“挂牌制”

巡检“挂牌制”是指巡检时在生产装置现场和重点部位实行的“挂牌制”。操作工定期到现场按一定巡检路线进行安全检查时，一定要在现场进行挂牌警示，这对于防止他人误操作引发事故，具有重要作用。

（2）检修“ABC”管理法

企业定期大、小检修时，检修期间人员多、杂，检修项目多，交叉作业多等情况给检修安全带来较大的隐患。为确保安全检修，利用检修“ABC”管理法，把公司控制的大修项目列为A类（重点管理项目），厂部控制项目列为B类（一般管理项目），车间控制项目列为C类（次要管理项目），实行三级管理控制。对A类要制定出每个项目的安全对策表，由项目负责人、安全负责人、公司安全执法队“三把关”；对B类要制定出每个项目的安全检查表，由厂安全执法队把关；对C类要制定出每个项目的安全承包确认书，由车间执法队把关。

（3）现场岗位人为差错预防

a. 一岗双人制。在重要岗位，为了避免人为差错，保证操作准确，设置一岗双人制度。

b. 岗前报告制。对管理、指挥的对象采取提前报告、超前警示、报告重复（回复）的措施。

c. 交接班重叠制度。岗位交接班之间执行“接岗提前准备、离岗接续辅助”的办法，以减小交接班差错率。

d. 无隐患管理法。无隐患管理法是建立在现代事故金字塔认识的基础之上的，即任何事故都是在隐患基础上发展起来的，要控制和消除事故，必须从隐患入手。无隐患管理法要解决隐患辨识、隐患分类、隐患分级、隐患检验与检测、隐患档案与报表、隐患统计分析、隐患控制等问题。

e. 行为抽样技术。行为抽样技术是对人的失误进行研究和控制。主要是应用概率统计的理论和方法，对行为抽样研究，从而达到控制人的失误或差错，最终避免事故的发生。

f. 防电气误操作“五步操作法”。防电气误操作“五步操作法”是指：周密检查、认真填票、实行双监、模拟操作、口令操作。“五步操作法”层层把关，堵塞漏洞，消除行为上的错误。

（4）现场“三点控制”强化管理

“三点控制”即对生产现场的“危险点、危害点、事故多发点”挂牌进行强化管理。标明其危险或危害的性质、类型、注意事项等内容，以警示人员。

a. 危险点的控制。危险点是指相对于其他作业点和岗位更危险的岗位。危险点固有的危险性使它成为安全控制的重点。危险点发生事故的概率很大，但并不表明它时时、处处都发生事故，只要安全措施到位、防范周密，是可以把危险点变成不危险点的，这就要求班组在控制危险点上下功夫。

b. 危害点的控制。危害点和危险点一样，是相对于其他作业点更具危害性的作业点。危害点具有危害性，如化工企业有毒有害气体岗位就是危害点，毫无疑问它是班组安全生产的控制点。要控制危害点的危害性，必须使班组的每个成员了解危害物质的性质、预防的办法、紧急情况下的应急措施等。

c. 事故多发点的控制。事故多发点是发生过事故或多次发生过事故的作业点，这样的点就是班组安全生产的控制点。对于事故多发点，除了采取切实可行的措施，还要吸取事故教训，杜绝事故再次发生。

8. 如何创新班组现场安全管理方法

a. 制定完善的班组管理制度。有制度才能规范地管理。这个制度应是切实可行的。

b. 召开班前班后会。班组开工前15分钟，召集大家开个小会，一方面可以布置工作任务，另一方面是做警示教育，设想在今天的工作中可能会遇到哪些安全风险，如何避免。同时提醒员工，切记在工作中使用安全帽、护目镜、安全带等个体防护用品。一天工作结束后，花15分钟时间来交流总结今天遇到的问题，如何解决，提醒其他员工注意。

c. 构建网上信息平台。让每一个员工参与到企业查隐患的工作中来，一旦发现隐患，立即发布到网上，实现信息共享，并落实到专人负责，限时整改。根据给企业带来的实际效用，对发现隐患的员工给予一定的奖励，提高员工的积极性。

d. 提高一线员工的整体素质。事故的发生往往是一些小问题引起的，并且员工的素质参差不齐，所以特别需要加强安全教育培训，增加他们的岗位认识，提高安全意识，将事故消除在萌芽状态。

e. 加强人文关怀。企业领导、班组长要多与一线员工沟通交流，可以是在工作时间，也可以在业余时间。关心他们的工作、生活情况，有什么困难并尽可能帮助解决，给员工家的感觉。这样，每个员工才会树立“企业是我家，安全靠大家”的观念，更认真地为企业付出。

f. 生产工作中，班组长要不断地对员工进行安全意识的暗示，这种暗示要在言谈举止中进行，且不要让员工感到反感。

9. 新时期班组安全管理方法探索

班组是完成企业各项工作目标的主要承担者和直接执行者，也是企业各项安全管理制度的最终落实者。班组安全管理的水平直接决定并影响着企业的安全生产形势，所以，抓好班组安全管理是搞好企业安全管理的关键。

(1) 以人为本，树立班组安全管理核心

班组安全管理是群体行为，要想确保班组安全生产，最关键的就是要做到让每位成员都承担起责任，使安全工作“事事有人管、人人有专责、办事有标准、工作有检查”，各自职责明确，形成严密高效的安全管理责任系统。

a. 班组长要树立“第一责任人”的意识。“班子强不强，关键看班长。”作为一个好的班组长，首先要树立对企业和职工安全高度负责的态度，认真执行《安全生产法》和其他有关安全生产的法律、法规以及本企业的各项规章制度，认真抓好“三违”控制，及时制止不安全行为，并清除一切可能引发伤亡事故的因素。其次，要确立技术权威的地位，带头学习相关专业知识，并对新进人员进行培训。遇到紧急情况班组长能够正确及时处理，做到在技术上独当一面。最后，还要善于团结同事，有良好的群众基础，能够调动每个人的工作积极性和主观能动性。

b. 安全员要强化“安全监督”的责任。要确保施工过程安全，安全员必须要有高度的责任心和踏实严谨的工作作风，在班前会上认真分析可能出现的事故隐患，工作中及时排除事故隐患，班后会详细总结经验。在工作中，安全员要心思缜密、眼尖心细，工作标准要高，检查管理要严，传达信息、落实文件要及时，了解情况、思考问题要详细。

c. 班组成员要厉行“我要安全”。每位员工都应认识到安全生产的重要性，自觉地参加管理。在生产过程中只有努力做到个人无违章、岗位无隐患、班组无事故、过程无危险，才能最终实现由“要我安全”到“我要安全”的转变，使班组生产安、稳、长、满、优。

（2）注重实效，筑牢班组安全管理基石

a. 制定贴近实际的安全目标。目标明确是成功的第一步，班组的根本目标是安全、文明、优质、高效地完成各项生产任务。安全目标是班组各项工作能力的综合反映，制定出切实可行的目标对班组安全生产至关重要。目标过高，会不切实际，无法实现，从而使班组成员丧失信心；目标过低，又容易因大意而出现事故，挫伤班组成员的积极性。因此，班组在制定安全目标时应综合考虑实际情况和现实需要，做到源于实际又略高于实际，这样才能强化员工的安全意识和调动大家的工作积极性。

b. 进行卓有成效的安全教育。安全生产，教育先行。绝大多数事故的发生与人有关。因此，使班组成员获得良好的安全教育对安全生产至关重要。这里的安全教育包括三方面的内容，分别为：安全意识教育、安全知识教育和安全技能教育。安全意识教育就是通过学习安全生产相关法律、法规及有关规定和一些警示案例，提高班组成员的安全生产意识，为安全生产提供思想保证。

安全知识教育就是通过培训，使班组全体成员得到更加丰富的安全知识，从而提升安全素质，提高岗位作业的安全可靠性，为安全生产创造有利条件。安全技能教育就是为班组成员提供最基本的安全技术知识和应知应会的安全技术，提高员工遇事应变能力，增强规避安全事故的技能。安全教育的好坏直接关系到班组成员获得“渔”的能力的强弱，扎实的安全教育，才是班组成员规避风险的基础。

c. 落实严格规范的制度管理。制度管理的目的在于贯彻安全生产的规章制度和法律、法规，提高班组安全管理水平，增强员工遵章守纪的自觉性，规范安全行为，促进班组安全生产。要实现这个目标，首先就要严格执行国家和本企业的安全工作规程和管理制度。其次，要结合实际工作需要，积极开展各项安全活动，加深班组成员对有关规章制度的理解和认识。最后，要将管理任务分解到人，使人人有责，权责明确，全员参与、全员管理，从而提高班组成员参与管理的普遍性和积极性。

(3) 搞好协调，提升安全管理水平

a. 协调好安全与效益的关系。安全与效益并不矛盾，在某种意义上说，它们是相辅相成的，好的安全环境是企业获得效益最大化的有力保障。在班组生产中，要时刻树立全局观念，明确安全与效益的辩证关系，在二者发生矛盾时，坚定不移地把安全放在第一位。

b. 协调好安全与进度的关系。在安全的前提下，追求最大的效益、最快的进度是企业生产的最终目标。而安全是进度的保证，进度是效益的前提，没有良好的安全局面，进度不可能快，效益也无从谈起。在班组生产中，要始终以“安全第一”为基本方针，要做到稳中求快。

c. 协调好安全与稳定的关系。安全生产不仅关系到企业的经济效益和社会效益，还关系到每一位职工的切身利益和家庭幸福，对促进稳定和社会和谐具有重要的意义。在班组生产中，要不断强化安全制度的落实，确保安全生产大局稳定；要及时传达上级安全文件精神和事故通报，营造安全生产的危机感；更要进行经常性的教育，提高职工的社会责任感。

10. 目视管理是班组现场安全的重要方法

(1) 目视管理的定义

目视管理是利用形象直观、色彩适宜的各种视觉感知信息来组织现场生产活动，实现安全生产的一种管理方式。它是以视觉信号为基本手段，以公开化为基本原则，尽可能地将管理者的要求和意图让大家都看得见，借以推动自主管理、自我控制。所以目视管理是一种以公开化和视觉显示为特征的管理方式，也可称之为“看得见的管理”。

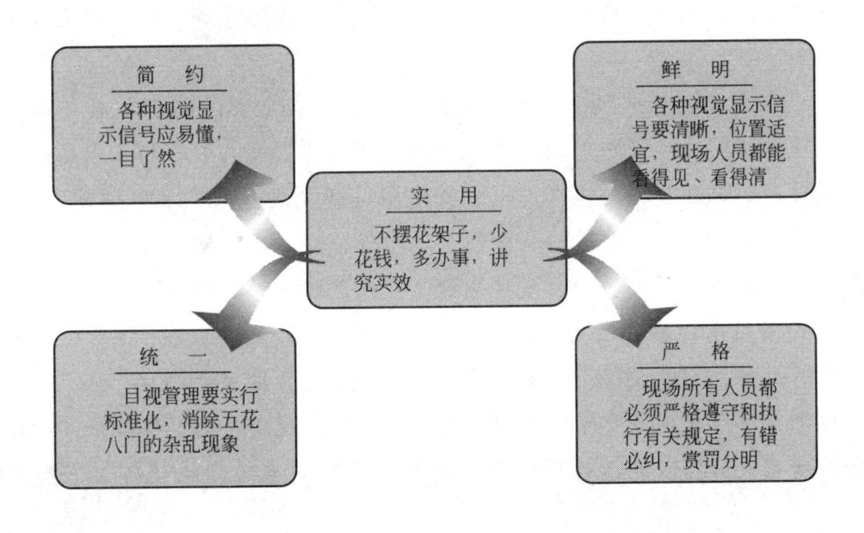

（2）目视管理的优点

a. 形象直观，有利于提高工作效率。现场管理人员组织指挥生产，实质是在发布各种信息，以仪器、电视、信号灯、标识牌、图表等方式发出视觉信号。这些手段的特点是形象直观，容易认读和识别，简单方便。

b. 透明度高，便于现场人员互相监督。实行目视管理，对生产作业的各种要求可以做到公开化。干什么、怎样干、干多少、什么时间干、在何处干等问题一目了然，这就有利于人们默契配合、互相监督，使违反劳动纪律的现象不容易隐藏。

c. 目视管理有利于产生良好的生理和心理效应。目视管理从直观角度出发，对现场进行优化改进，使得现场一目了然，而生产现场是企业直接创造效益的场所，现场管理水平的高低可以直接反映出企业经营情况的好坏。

（3）目视管理在班组实际工作中的实施

a. 人员目视管理。公司员工按照统一规定着装，外来人员（参观、指导或学习等人员）和其他承包商员工进入公司生产作业场所，其着装必须符合该作业场所的安全要求。所有人员进入生产作业场所必须经过安全培训，合格后发放并佩戴入厂许可证，方可进入生产作业现场。进入作业现场的每位作业人员、管理人员必须按照作业现场安全管理相关内容佩戴符合要求的安全帽，没有佩戴安全帽的人员一律不能进入作业现场。在作业现场从事特种作业的人员（如高处作业、电工作业人员等）必须通过本单位的安全培训并考核合格，发给相应的目视管理标签，并贴于安全帽上，方可从事相应的作业。相关现场管理人员作为作业现场的安全责任人员，应对目视管理标签的发放工作进行监督管理。

b. 工、器具目视管理。在班组，很容易出现安全事故的工、器具有电动工具、检测仪器、绝缘防护用具等。对其实施目视管理的内容与要求是：所有工、器具入厂时必须经过检查，班组安全用具必须进行入厂及定期耐压试验。长期使用的，必须每季度进行一次检查，检查合格后将“检查合格证”的标签粘贴在工、器具的开关、插座或其他明显位置，以标示其合格。

c. 设备目视管理。设备包括企业用于生产、运营、试验等活动，可供长期使用的设备、辅助设备及其附件等，对其也应进行目视管理。

总之，在作业现场实施目视管理可以有效提高安全管理工作效果，在作业现场的所有人员可以通过目视明白作业现场存在的事故隐患及各工、器具的完整性状态，并且可以自觉远离事故隐患。现场安全管理人员可以及时发现及排除作业现场的各项事故隐患，大大降低作业现场发生安全事故的可能性。

11. 制度是班组安全工作的基石

(1) 制度的重要性

制度是一个组织内大家共同遵守的行为规范，可以保证组织的有效运转，是达到组织目标的可靠保证，也是实现公平、公正、公开的必要条件。制度的关键是执行，得不到很好执行的制度没有价值。

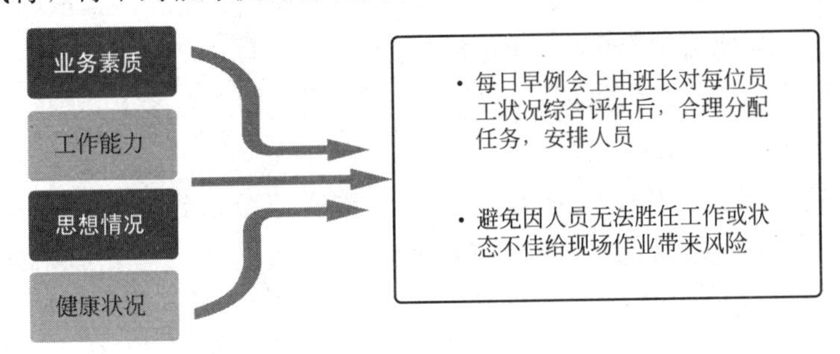

(2) 建立安全制度的意义

建立健全安全生产规章制度是生产经营单位安全生产的重要保障。安全风险来自生产、经营过程之中，只要生产、经营活动在进行，安全风险就客观存在。客观上需要企业对生产工艺过程、机械设备、人员操作进行系统分析、评价，制定出一系列的操作规程和安全控制措施，以保障生产经营单位生产、经营工作有序、安全运行，将安全风险降到最低。在长期的生产经营活动过程中积累的大量风险辨识、评价、控制技术，以及生产安全事故教训，是探索安全生产客观规律并形成制度的重要基础。

(3) 安全制度的落实

只有企业的安全规章制度得到贯彻与落实，才能确保企业安全生产。

a. 用制度来约束人的不安全行为。众所周知，事故预防主要从两个方面考虑，即物的不安全状态和人的不安全行为。其中，人的不安全行为占主导地位。因此，在企业安全实际管理中，我们必须花大力气来控制和约束人的不安全行为，最直接的方法就是建立相关的企业安全规章制度。

b. 用制度来保证企业正常生产经营秩序。班组安全管理制度作为职工行为规范的模式，能使职工个人的活动得以合理有序进行，同时又成为维护职工共同利益的一种强制手段。因此，企业各项安全管理制度，是企业进行正常生产经营管理所必需的，它是一种强有力的保证。

c. 班组需要建立和落实安全生产规章制度。班组需要制定和落实以下四个方面的规章制度：一是安全生产责任体系；二是各项安全管理制度；三是各工种、岗位的安全操作规程；四是事故应急预案。

班组的安全生产规章制度应当包括下列内容：安全生产工作例会制度；安全生产的教育和培训制度；安全生产检查及事故隐患的整改制度；设施、设备的维护、保养、检测制度；危险作业的现场管理制度；个人防护用品的管理制度；安全生产责任和奖惩制度；应急救援措施制度；生产安全事故的报告和调查处理制度；其他保障安全生产的制度。

班组里每个工种和岗位都要根据本工种和岗位的安全要求，制定和落实本工种和岗位的安全操作规程。

事故应急预案是应急救援系统的重要组成部分，针对各种不同的紧急情况制定有效的应急预案，不仅可以指导应急人员的日常培训和演习，保证各种应急资源处于良好的备战状态，而且可以指导应急行动按计划有序进行。

12. 规程是班组安全操作的依据

(1) 规程的定义

规程是指对某种政策、制度等所做的分章分条的规定，即将一定的标准、要求和规定贯穿于工作程序之中。

(2) 规程的目的

a. 提高企业职工对事故的防范能力；

b. 降低设备和工伤事故的发生率，提高设备安全运转率；

c. 防止人身受到伤害；

d. 有章可循，便于事故分析、查原因、查责任。

(3) 规程的制定

a. 岗位规程制定原则：

客观性：根据岗位制定岗位规范，要因岗而异，不要因人而异。什么岗位，担任什么职务的职工，应具备什么素质，就应制定相应的规程。

实用性：根据设备技术含量和产品的数量、质量要求，规定职工应具备的文化、技术基础知识和实际操作技能以及安全生产知识，紧密结合生产实际，为生产服务。

科学性：岗位规程要建立在现代科学技术和现代企业管理之上，把已应用或近期即将应用的新设备、新工艺、新技术、新材料列入岗位规范，但不要把长远规划放在现阶段的要求中。

层次性：要按企业劳动力结构制定相应岗位规程。

b. 规程的制定步骤：

调查、收集资料信息：信息的来源包括该类设备的安全技术标准、安全管理规程规范；设备的使用操作说明书、技术文件；同类设备相关资料；生产经营单位自身的管理制度等。

撰写：安全操作规程的格式一般分为“全式”和“简式”两种。行业性规程多为“全式”规程，主要包括总则、引用标准、名词说明、操作安全要求等。生产经营单位内部制定的安全操作规程多采用“简式”，即规定操作安全要求，着重于针对性和可操作性。

征求意见与修改完善：安全操作规程制定后应征求有关部门和人员的意见，对合理性建议、意见加以采纳，及时修改完善。

审批和持续改进：审批是使安全操作规程以生产经营单位内部规范文件形式确立下来的重要环节。同时，要每年进行审查和修订，每3～5年应进行一次全面修订，并重新发布。

(4) 规程的执行

a. 遵守规程的必要性。规程是完备的，但个人的认识往往存在局限性，这种局限性导致了认识的差异，可能使执行者产生误动，也就给安全生产埋下了隐患。这就需要加强员工对规程的学习和深层次理解，认识到遵守规程的必要性。按操作规程作业不能说绝对安全，但是能够有效控制风险，最大限度降低损失。引导大家理解、认识到按操作规程作业既是企业保持安全生产经营的要求，又是保护员工自身生命安全的必然选择。通过认识遵守规程的必要性，员工才会积极、主动地去遵守规程，从而有效控制风险，增加安全保障。

b. 加强责任心教育。安全其实就是责任，由于有的人具有不好的行为习惯，做事马虎大意，难免埋下事故隐患，轻者产品质量下降，重者人命关天。工作上的一点疏忽、失误或麻痹，将可能造成财产损失甚至危及人身安全。必须要有高度的责任心，克服惰性和侥幸心理，严格遵守操作规程，发现违规现象应及时改正或制止，把安全真正把握在自己手中，真正实现“四不伤害”（不伤害自己，不伤害他人，不被他人伤害，保护他人不受伤害）。

c. 加大检查力度，奖惩结合。在宣传贯彻的同时，给予违规者一定的警醒也是很必要的。加大检查力度，奖惩结合，对违规者严惩不贷，迫使违规者深刻反省，在思想意识上找原因，改掉不规范的行为习惯，花心思去琢磨保障安全的必要条件，促使其进一步提高业务水平。这样既保障了安全管理人员的履职能力，促进责任的落实，又把各项制度的“强制”作用融合到了具体的日常工作中。

13. 作业标准是班组安全工作的导向

（1）标准的制定

标准是根据生产发展的需要和科学技术发展的水平来制定的，因而它反映了当前的生产技术水平。

（2）标准的执行

执行标准不仅仅是企业生产经营的需要，更是法律的要求。只有大家都遵纪守法，有序经营，企业才会正常发展。

（3）标准是安全工作的导向

安全生产标准化是班组安全管理的基础，更是班组安全管理工作的“制胜法宝”，标准化基础工作为班组保持长期稳定的安全生产局面奠定了坚实基础。

班组开展安全生产标准化工作，应遵循“安全第一、预防为主、综合治理”的方针，落实企业主体责任。以安全风险管理、隐患排查治理、职业病危害防治为基础，以安全生产责任制为核心，建立安全生产标准化管理体系，全面提升安全生产管理水平，持续改进安全生产工作，不断提升安全生产绩效，预防和减少事故的发生，保障人身安全健康，保证生产经营活动的有序进行。

总之，班组安全生产的导向是执行安全工作标准，只有落实好安全工作标准，才能确保班组生产现场的有序、平稳、安全运行。

14. “四懂四会”是消防工作的对策

（1）消防“四懂四会”

四懂：懂得岗位火灾的危险性，懂得预防火灾的措施，懂得扑救火灾的方法，懂得逃生的方法。四会：会使用消防器材，会报火警，会扑救初起火灾，会组织疏散逃生。

（2）保证消防工作措施

a. 定期召开消防安全会议和进行消防安全检查。每季度召开防火会议，布置消防工作，学习、贯彻落实上级有关消防安全工作的指示，把消防安全工作贯彻落实到每个岗位、每位员工，充分调动班组全体员工的积极性，共同做好消防安全工作。

每半年召开一次消防安全工作培训会，主要对员工进行消防知识的宣传教育，提高消防知识水平，懂得火灾的起因、火灾风险的预防、初起火灾的扑救方法、灭火器材的使用方法、火场自救逃生方法等。

专（兼）职消防管理人员每周对消防器材及设施进行一次检查，对不合格的器材及时更换处理。班组负责人及安全员要经常对本班组的消防器材进行检查，发现问题要及时按照“五定”原则进行整改。

b. 建立完善的火灾隐患预防和整治长效机制。班组要建立落实逐级消防安全责任制和岗位消防安全责任制，明确班组的消防安全责任人、消防安全管理人，确定专（兼）职消防管理人员，保证消防工作层层有人抓、有人管、有人落实。

定期或不定期开展消防安全专项检查，各班组应结合本班组的火灾危险源、防火重点部位及消防安全工作实际，制定消防安全管理制度，认真履行《消防法》规定的单位消防安全职责，组织消防检查，做好检查记录，做好隐患整改工作。

按照“谁主管、谁负责”的管理原则，各班组负责人应对消防安全工作全面负责，负责签订和落实逐级消防安全责任制，明确各单位、岗位消防安全职责，确定班组、重点岗位的消防安全责任人、消防安全管理人、专（兼）职消防管理人员，明确各自职责。

严格落实消防工程审核、验收，动火许可制度及备案，从源头上预防火灾隐患产生。

督促班组依法建立落实防火检查巡查制度，落实岗位防火检查责任（每日要进行防火巡查，班组至少每月进行一次防火检查）。

督促班组立即整改，消除检查发现的火灾隐患；不能及时消除的，要制定整改方案、明确整改措施、落实整改资金，限时消除。各班组每月进行一次全面检查，确保措施完好有效，不能靠班组自身解决的重大火灾隐患，要逐级报告。

15. 职业卫生是班组员工身心健康的需求

（1）什么是职业健康

职业健康应以促进并维持各行业职工的生理、心理及社交处在最好状态为目的；防止职工的健康受工作环境影响；保护职工不受健康危害因素伤害；将职工安排在适合他们生理和心理的工作环境中。

（2）职业健康的实施措施

a. 接受职业健康知识培训。员工就业前必须接受职业健康培训，培训内容主要包括：职业卫生相关法律、法规知识，如《职业病防治法》《使用有毒物品作业场所劳动保护条例》等，劳动者应学会用法律知识维护自己的权益，了解生产工艺过程存在的职业病危害因素及防护、应急处理等知识。

b. 签订合同建立劳动关系。用人单位招用劳动者时，应当在劳动合同中如实告知劳动者工作内容、工作条件、工作地点、职业危害、安全生产状况、劳动报酬，以及劳动者要求了解的其他情况。劳动者在与企业订立劳动合同时，应当要求企业将工作过程中可能产生的职业病危害及其后果、职业病防护措施和待遇等在劳动合同中写明，企业不得隐瞒或者欺骗。

c. 生产过程中自我防护。劳动者在工作过程中应严格按科学规律办事，不能蛮干；要自觉遵章守纪，严格按操作规程工作；应保持良好的情绪，并排除一切干扰，自觉使用好个人防护用品。在工作前，要熟知自己从事岗位的职业危害，拒绝违章指挥和强令进行的没有职业病防护措施的作业。

d. 正确使用个人防护用品。一般来讲，使用个人防护用品，只是一种预防性的辅助措施。但在一定条件下，如劳动条件差、危害因素浓度（强度）大或集体防护措施起不到防护作用，使用个人防护用品则成为主要的防护措施。即使个人防护用品只作为预防性的辅助措施，在劳动过程中仍是必不可少的生产性装备，不能忽视。

e. 岗前、岗中、岗后健康检查。通过健康检查，劳动者可以知晓自身的健康状况，用人单位能了解劳动者能否从事有毒有害作业。健康检查可分为就业前、在岗期间（定期）、离岗时和应急时的健康体检。不同的健康检查，其内容、目的和意义各有区别。

实施职业健康措施，它的好处有：一是有助于推动职业安全健康法规和制度的贯彻执行。二是职业健康安全管理由被动行为变为主动行为，可提高职业健康安全管理的水平。三是有利于树立企业的形象，提高竞争力，也有利于消除贸易壁垒。四是有利于提高全民的安全意识。

16. 营造优美和谐环境，提升员工幸福感

（1）营造优美的工作环境，让员工舒心工作

有的班组员工是在露天工作，他们分散在不同的作业点，针对这种情

况，某班组开展“我是班组美容师”绿色活动，对班组作业点周围的草坪和树木进行精心修剪、浇灌，成为花园式班组，让班组员工感到在这里上班十分舒心。

另外，化工企业班组、电力企业班组等，要为每个班组的值班室配备空调，并不断改进工艺和流程，努力降低员工的劳动强度。还要为危险性气体环境安装在线分析仪，保证员工的健康安全。工作环境和条件的改善，会让班组员工真正感受到工作的舒心。

(2) 营造和谐的工作氛围，让员工顺心工作

班组为员工营造宽松的工作环境是其顺心工作的条件。良好的工作秩序和融洽的内部关系，为员工顺心工作打开了心灵之门。如班组工作氛围方面要加强民主管理，重视员工的主人翁地位，使员工感受到个人受到尊重，工作氛围宽松、顺心、舒畅。班组建立、健全各项规章制度，人人自觉遵章守纪，人人职责分工明确，工作自然秩序井然。加强感情和友谊的交流，使员工关系融洽，提高了员工的愉悦感。

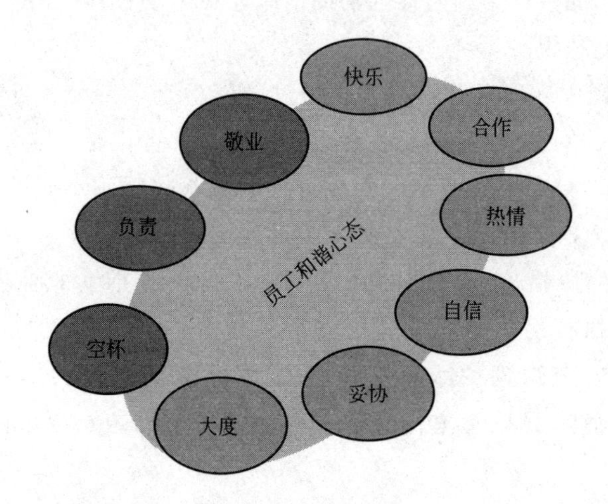

(3) 完善员工生活食堂，让员工开心工作

食堂作为员工工作生活中的重要一环，它承担着企业员工的就餐任务，是大家补充营养、积蓄力量和沟通交流的场所。为追求让每位员工“吃得舒心，吃得放心，吃得满意”的目标，企业食堂必须以“提供优质就餐服务、优化就餐环境”为原则，不断提高食堂水平。

一是更新菜品、丰富营养。食堂要制定每周食谱并予以公布，便于监督。定期征求员工的意见和建议，保证菜品多样化。例如早餐，要求一周七天不重样，豆浆、油条、稀饭，配备肉、蛋和鲜奶；午餐两荤、两素、两粥汤，水果、酸奶齐上场；晚餐荤素搭配少油盐，营养丰富又健康。

二是做好卫生，保证健康。严格落实食品卫生安全管理制度，食堂工作人员入职前必须体检，持证上岗。组织厨师学习食品卫生安全知识，并进行考核。

三是要实行分餐制，配置消毒柜和个人碗柜，对共用餐具进行“一洗二冲三消毒”工作，工作平台做到随用随清。每天将食堂的墙壁、灶台、蒸箱、地面和储物间进行清扫。

17. 开展“信得过”活动是班组安全生产的保障

在班组开展“信得过”活动，可以实现班组成员从“要我安全”到“我要安全”的转变，从安全管理的客体到安全管理主体的转变，从而有效地发挥员工的主观能动性。“信得过”活动的核心是“以人为本”。人是安全工作的主体，任何管理措施都离不开人的参与。实践证明，班组开展“信得过”安全管理活动，是行之有效的安全管理模式之一。

一是工作标准上从严。班组内部实行甲乙方内部竞争化运作，对各岗位完成的安全工作任务由班组安全员负责监督评分，实行安全生产任务、设备维护等工作签字认可制，所评定的分值最终体现在月度绩效工资上，奖优罚劣，激发班组员工的责任心。

二是日常操作中抓细。班组全面规范安全生产和维修作业过程中的管理、操作，监督各个环节，通过健全各项机制，明细考核，强化执行力，促使员工细心观察，细致操作，细微服务，提升安全管理水平。

三是岗位创新上从优。班组结合岗位特点，组织员工有针对性地开展“每月质量一星”“每月安全一星”等活动，提高员工的技术创新能力，集中力量解决生产和设备中存在的安全、质量难题，为安全生产奠定坚实的基础。

总之，班组开展“信得过”安全活动，可以使安全生产进一步得到保障，改善人与人、人与机之间的关系。这样，班组的安全生产就会得到保障，班组安全发展就有了一条正确的途径。

18. 团结协作是班组反事故的利器

(1) 思想沟通

班组领导班子的团结协作，是建立在共同事业和对本班组高度负责的基础上的。由于班组领导班子成员素质上的差别，在对一些具体问题的处理上，不可能都是一致的。有时在安全生产决策、组织协调等方面产生矛盾和分歧在所难免，处理不好不仅有损于班组的团结，还会影响安全生产工作。要解决这个问题，就应注意沟通思想，以达到认识上的统一。

a. 经常交心通气。交心通气是班组领导班子互通情况、交换意见、统一思想的有效方式。从班组的角度出发，班组领导班子成员交心通气可以了解对方分管工作的落实情况，相互征求对班组安全生产的意见，商讨班组重大安全问题的解决办法等。

b. 正确使用批评和自我批评的手段。批评与自我批评是同志间进行思想交流、解决矛盾的一种积极手段。班组领导班子成员之间开展批评与自我批评，要做到“道义相砥、过失相规”，并要讲究艺术。一般不要当着下属或上级的面批评对方，这样有利于敞开思想说服对方；当对方对自己的缺点错误已有认识时，要从感情上进行安抚，以促使对方振作精神；当对方坚持自己的错误意见时，要给对方留有思考的余地，允许对方反思，待有机会再进行劝说。在对方批评自己时，应做到“有则改之，无则加勉”；对正确的批评，要虚心接受、认真改正；对不恰当的批评，要思其大忘其小，以团结协作为大，以个人面子为小；从对方的批评中，吸取其合理的成分，抛弃其不当之处。通过多方的批评，认真检查自己的不足，珍视“搭档”之间的真诚和友谊。

在开展自我批评时，应做到严于律己，坦荡地进行自我“揭短”，认真地自我解剖，敢于在对方面前“亮丑”，请求对方真诚帮助，而不能图虚名、掩盖问题，否则，双方的思想沟通也就无从谈起。

（2）心理相融

共同的安全生产使命和追求，把班组领导班子成员紧密地联系在一起。但由于各自看问题的角度不同而产生分歧，工作中的分歧如果不及时排除，会影响双方的团结协作。要解决这个问题，班组领导班子成员之间应形成心理相融，共同搞好班组安全生产工作。

a. 克服猜疑、嫉妒心理。要克服这种心理，既要建立对同志的信任，又要经常反思，检查自己的言行，避免疑虑的产生。同时还要提倡积极的心理补偿，取人之长、补己之短，摆正自己的位置。

b. 培养宽以待人的态度。宽以待人是班组领导班子成员实现心理相融的“黏合剂”。在同一班组中工作，双方不可避免地会产生一些认识上的分歧，如果不能宽以待人，以博大的胸怀帮人之过、念人之功、谅人之短、扬人之长，就无法协作共事。为此，班组领导班子成员在相互配合中，要注意培养宽以待人的胸怀。

c. 排除外部因素的影响。班组领导班子成员之间产生的隔阂和裂痕，有的并不是自身的原因，而是由外部环境因素造成的。如在工作中，总有一些人，或是为了自己的私怨，或是对某领导怀有成见，常常收集一些消息，说三道四，挑拨是非，而影响班子成员之间的团结。为此，班组领导班子成员任何一方都要十分注意维护集体领导的威信，对日常在自己面前议论别人长短的人要注意分析，去掉他们汇报情况的“水分”，分析他们的动机和目的，切忌用自己的好恶来取舍，对他们明显的错误议论和看法应严肃批评。这样既可不受外界环境的影响，又能得到对方的信任和支持，增进双方的心理相融，真诚地搞好团结协作。

（3）行为相契

每一个班组领导干部都是怀着与同事友好共事的愿望走上工作岗位的，但由于种种客观因素影响，不一定事事都协作得很好。所以，班组领导班子成员要站在企业利益的高度上，注意与对方在思想沟通、心理相融的同时，做到行为相契。

总之，安全生产管理不是一个人的事，是全班组的事，而班组领导们的团结协作是保障安全生产的利器，只要班组领导成员思想沟通、心理相融、行为相契，就能做到团结协作，事故次数就一定能降下来。

19. 看板管理是班组现场安全管理的有效途径

(1) 看板管理

看板管理亦称“看板方式”“视板管理”。在工业企业的工序管理中，采用的是以卡片为凭证，定时定点交货的管理制度。“看板”是一种类似通知单的卡片，主要传递零部件名称、生产量、生产时间、生产方法、运送量、运送时间、运送目的地、存放地点、运送工具和容器等方面的信息、指令。一般分为：在制品看板，主要用于固定的相邻车间或生产线；信号看板，主要用于固定的车间或生产线内部；订货看板（亦称外协看板），主要用于固定的协作厂之间。

(2) 目的意义

a. 传递现场的生产信息，统一思想。生产现场人员众多，由于分工的不同导致信息传递不及时的现象时有发生。而实施看板管理后，任何人都可从看板中及时了解现场的生产信息，并从中掌握自己的作业任务，可避免信息遗漏。

b. 杜绝现场管理中的漏洞。通过看板，生产现场管理人员可以直接掌握生产进度、质量等情况，为其进行管控和决策提供直接依据。

c. 绩效考核的公平化、透明化通过看板来实现。生产现场的工作业绩一目了然，使得对生产的绩效考核公开化、透明化，同时也起到了激励先进、督促后进的作用。

d. 保证生产现场作业秩序，提升公司形象。看板既可提示作业人员根据看板信息进行作业，对现场物料、产品进行科学、合理的处理，也可使生产现场作业有条不紊地进行，它会给参观现场的客户留下良好的印象，提升公司的形象。

(3) 看板功能

a. 传达生产工作指令及运送工作指令是看板最基本的功能。公司生产管理部根据市场预测及订货而制定的生产指令只下达到总装配线，各道前工序的生产都根据看板来进行。看板中记载着生产和运送的数量、时间、目的地、放置场所、搬运工具等信息，从装配工序逐次向前工序追溯。

b. 通过看板所表示的信息，可知道后工序的作业进展情况、本工序的生产能力利用情况、库存情况以及人员的配置情况等。

(4) 使用原则

a. 后工序只有在必要的时候，才向前工序领取必要数量的零部件。一般来说，后工序不会向前工序领取零部件，只会为前工序服务。

b. 前工序应该只生产足够的数量，以补充被后工序领取的零件。

c. 不良品不送往后工序。后工序没有库存，后工序一旦发现次品必须停止生产，找到次品送回前工序。

d. 应该使用看板以适应小幅度需求变动。计划的变更经由市场的需求和生产的紧急状况，依照看板取下的数目自然产生。

总之，班组安全生产中利用看板管理的方法和手段，能为班组的安全工作的准确性、适用性、可靠性提供保障。班组看板管理能传递班组生产信息，统一思想，杜绝现场管理中的漏洞，提高生产计划完成率，保证班组生产现场作业秩序，提升公司的形象，及时发布各类源头问题和治理情况等，实现班组成员间相互学习、相互启发的良好氛围。

20. 无伤害管理确保班组现场安全运行

在企业，班组都提出了“消灭工伤事故”的奋斗目标，如果班组消灭了工伤事故，则企业就基本上达到了“工伤事故为零”的目标。然而，无伤害事故的管理在一些班组中还处于无序的状态，必须规范管理。

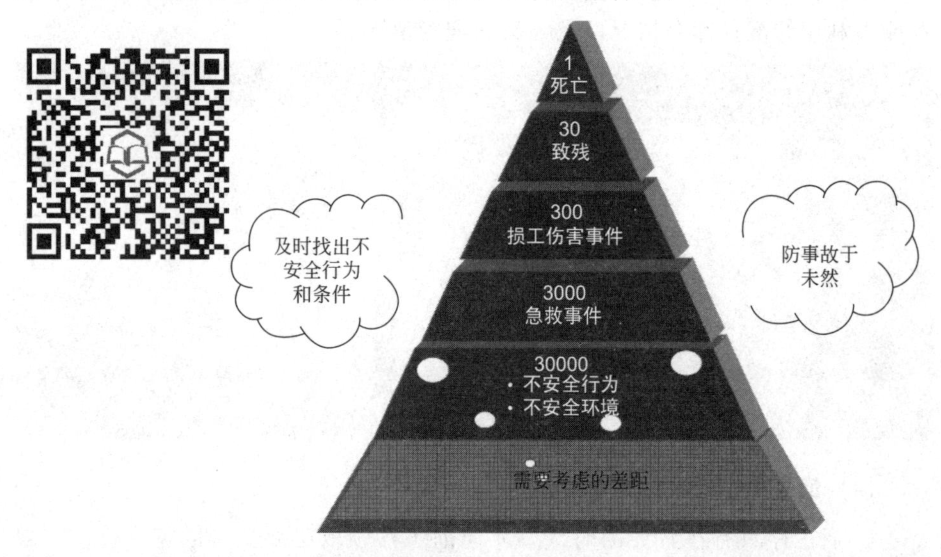

（1）规范无伤害事故管理的重要意义

a. 无伤害事故是指具备发生伤亡事故条件，仅仅因为侥幸而没有发生人员伤亡的事故。长期以来，企业班组中大量无伤害事故包含着极有价值的安全生产信息，但没有得到充分的挖掘和利用；班组对无伤害事故缺乏系统的收集和管理，没有进行必要的分析与调查处理；无伤害事故往往没有造成实际上的伤害后果，从而容易被班组忽视。

b. 伤害事故的发生具有一定的偶然性，它与无伤害事故的致因、产生机理是一致的，都是由人的不安全行为、物的不安全状态、管理失误和环境因素所导致的。通过对各类事故进行调查分析后发现：在重大伤亡事故发生之前，往往已经发生了多次无伤害事故，不安全因素已暴露了多次，甚至未遂事故已发生了若干次。在班组安全管理中，通过规范对无伤害事故的管理，从而找到控制伤害事故发生的规律，采取有效的措施是至关重要的。

（2）如何规范对无伤害事故的管理

a. 班组各类人员都应端正对无伤害事故的看法，对其严重性要有足够的认识和重视。从企业的领导到车间主任，再到班组长、职工，人人都应认识到规范无伤害事故管理对有效控制伤害事故发生的重要意义，这样才能成为收集无伤害事故各种信息的有心人。

b. 采用多种形式、多渠道收集无伤害事故的有关信息。应对于无伤害事故的原因、场所等进行分类，就像管理伤害事故那样去管理无伤害事故。

c. 从收集到的无伤害事故中分析出原因，采取相应的措施，防止类似事故再次发生。对无伤害事故进行归类管理的最终目的是通过对无伤害事故进行分析、讨论，找出无伤害事故的直接原因和间接原因，从而在作业中引以为戒，避免同类事故的发生，同时针对无伤害事故发生的原因，制定相应的对策，消除隐患，实现安全生产。

总之，班组开展反事故活动，不但要反形成事实的伤害事故，而且还要反未形成事实的无伤害事故。只要规范对无伤害事故的管理，就能达到超前预防，避免伤害事故的发生。

第二章 班组现场安全管理方法

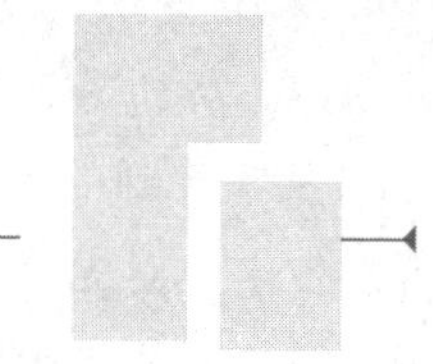

本章导读

本章是对班组现场安全管理方法的论述，本章共用43个方法，从班组各个维度介绍现场安全管理的方法和措施，有操作方面的，有设备方面的，有职业健康方面的，也有环境保护方面的内容。43个方法基本上涵盖现阶段企业班组现场安全工作的方方面面，为更多的班组提供现场安全工作的思路、措施、方法和途径。

班组现场安全管理是企业的基础管理，是各项专项管理综合作用的结果。生产现场是安全事故的多发场所和主要场所，落实“安全第一，预防为主，综合治理”的工作方针，必须落实于班组的生产现场管理。为抓好现场安全管理，每日安排班组兼职安全员负责检查所在责任区域的不安全因素，督促班组员工遵照规程操作，及时纠偏。对重点安全防范岗位加大巡查力度，预先将事故隐患消灭于萌芽状态，有效地预防事故的发生。

21. 班组如何开展“6S”管理

（1）作业场所的清理

清理是对作业场所的物品按需要和不需要区分开，并清除不需要的物品。区分的原则是：凡是生产活动必需的物品和生产过程中的产品均为需要物品，如设备、工具、各种原材料、辅助材料以及成品、半成品（中间产品）等。这些以外的物品都是不需要的物品，如生产过程中产生的边角料和废料等，不需要的物品必须及时清除。对于废料，应在作业场所之外确定存放地点，封闭遮盖并及时清运；对于边角料则应确定适当的存放地点，不同的边角料分类存放，以便及时回收利用。

（2）作业场所的整顿

a. 确定物品的存放位置

• 经常使用的工具、物品、材料放在附近。

• 不常用的物品应整齐放入箱、柜内或者物品架上，等用时再领取。

• 很少用的物品应放进公用箱、柜内或者物品架上，等用时再领取。

• 易燃易爆物质、毒品、腐蚀品、压缩气体等危险化学品，要设置专门的场所存放、保管。

• 在任何时候、任何情况下，安全通道上都不允许存放物品。

b. 确定物品的存放方式

• 物品堆放时，重物在下，轻物在上；易损物品要固定，易倒物品要放好挤压住，长件要放倒。

• 立体堆放的物品或材料需限制堆放的高度，不得超过底边长度的3倍。

• 安全通道和堆放物品的场所要划出明显的界限或架设围栏；堆放物品的场所应悬挂标牌，注明放置物品的名称和要求及安全注意事项。

• 对危险化学品要严禁超量存放。

(3) 如何开展“6S”活动

a. 整理　整理就是把作业场所内物品分出哪些有用，哪些无用，把无用的物品从作业场所内清理出去。通过对作业场所的整理，可以改善和增加作业面积，减少磕碰，保障作业安全。同时作业现场无杂物，通道畅通，可提高工作效率。

b. 整顿　经过前一步的整理后，对生产现场留下的所需物品进行合理的布置和摆放，以便用最快的速度取到，在最简捷的流程下完成作业任务。对作业现场的整顿，可使作业人员在操作中忙而不乱，有条不紊，做到要用的物品随手可得。

c. 清扫　生产现场在生产过程中会产生灰尘、油污、铁屑、垃圾等，这些杂物使生产现场变得十分脏乱，进而使得设备精度降低，故障多发、频发；脏乱的作业现场还会影响班组作业人员的工作情绪。因此，营造一个整洁、舒适、明快、愉悦的工作环境是十分重要的。

d. 清洁　清洁是对前三项活动的保持和深入，在整理、整顿、清扫之后，生产现场保持整洁和最佳状态，从而清除产生不安全因素的根源。与此同时，一个良好的安全工作环境，可使作业人员心情舒畅。

e. 素养　培养具有良好习惯、遵守规则的员工；提高员工文明礼貌的水准，树立班组的团队精神，用班组全体员工的共同努力，把本班组的安全生产保持长久。

f. 安全　安全就是尊重生命，排除危险。培养员工预防、排除班组工作中潜在的危险，在班组营造一个安全的工作环境。所有的工作都应建立在安全的前提下，每时每刻都要树立“安全第一”的观念。

总之，班组要想在改善生产现场环境、提升生产效率、保障产品品质、营造企业管理氛围以及创造良好的安全文化等方面取得显著效果。“6S”是现场安全管理的重要方法。

22. 漫谈班组作业场所布置

班组的作业场所占有一定的生产面积，有必需的机器、设备、工具、器具和物料。这些机器、设备、工具、器具和物料我们统称为元件。作业场所布置是指规划、安排和定位机器、设备、物料流程、各种管线，使它们在空间定位达到高效、协调、安全、舒适和科学合理，这对提高生产效率、保证作业安全、消灭事故是至关重要的。

(1) 作业场所的布置原则

任何元件都有其最佳的布置位置，这取决于人的感受，人体的特征及作业和操作的性质。对于一定的作业场所，由于机器、设备、工件、工具、器具以及其他元件很多，要使每个元件都处于其本身理想的位置是很困难的，因此，必须依据一定的原则来进行安排。

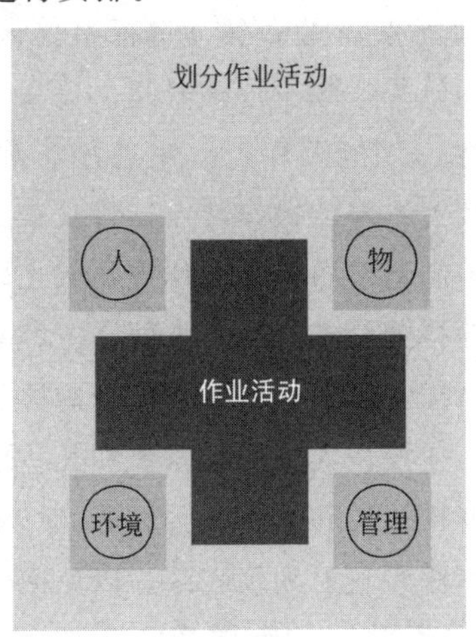

(2) 保证适当的作业空间

生产作业需要适当的作业空间，这直接关系到作业人员的操作效率和舒适程度。空间太小，可能会影响操作人员的活动，影响安全生产和生产效率，有时甚至会引起人身伤害事故；空间太大，是一种浪费，同样也会影响生产效率，并且使操作人员之间相互隔离，产生不必要的疏远感，也会对安全生产中的相互联系、提醒、照应产生一定的影响。

(3) 合理布置作业场所

a. 总体布置。使用频率高和最重要的设备、操纵控制装置及显示装置布置在最佳作业范围内（最显眼和最易触及的地方），以便于作业操作人员的观察和操作。依据操作的顺序进行布置，保证整个作业不空转、不倒流，有条不紊、紧张有序地进行。符合人的生理和运动特性，做到人的手臂或脚活动的路线最短、最舒适，并能准确地进行操作，使人工作起来既高效又不易疲劳。人流和物流的通行既畅通又安全，不会有任何阻碍。

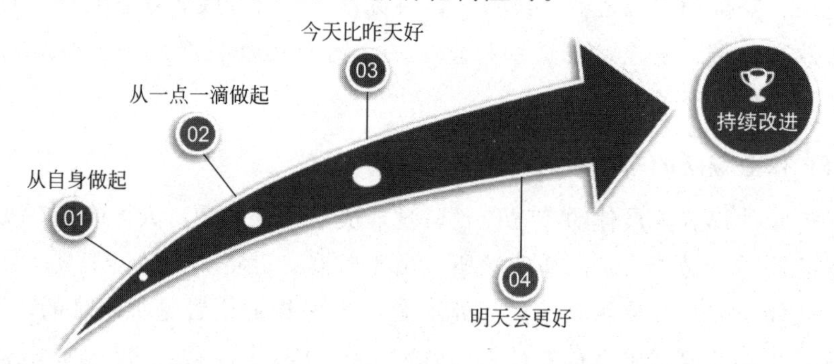

b. 操纵控制装置与显示装置的布置。选择最佳认读区域和配置方法布置显示装置，以提高认读的效果，减少巡检时间，提高工作效率。操作控制装置的位置除应遵循时间顺序、功能顺序、使用顺序、重要性及运动方向原则之外，还应考虑各种控制装置本身的操作特点，将其布置在该种装置的最佳操作区域之内，如颜色编码控制器应布置在最佳视觉域之内。控制装置之间的间距要合理。间距过小，虽然排列紧凑，观察方便，但容易造成误操作。应避免操作对显示的干扰。在操纵控制器时，肢体往往会遮挡显示器，或者显示器受到控制器的照明灯光干扰，使操作人员无法监视到某些信息而造成事故。解决显示受干扰的问题，需要安排较柔和的照明，以消除灯影；同时要处理好灯光照明的角度，尽量不让照明灯光直射到仪表区，以免把操作者肢体的影子打在仪表盘上。各种控制装置在形状、大小或颜色上要彼此有所区别，以避免误操作。

总之，科学的现场布置能使全体人员都一目了然。将经营目标、安全方针书写出来，张贴或悬挂在职工经常通过的出入口，车间生产的产量、质量、成本、安全等要做成月、日一览表并置于醒目处，让每个人都知道自己班组的安全生产情况。班组安全标志醒目、整洁，道路畅通，标志明显。对生产的产品、使用的零件、摆放的物件等实行定置管理，是班组现场安全管理的有效手段和方法。

23. 班组动火、用火作业安全

动火作业是指在禁火区内进行焊接与切割作业及在易燃易爆场所使用喷灯、电钻、砂轮等进行可能产生火焰、火花和赤热表面的临时性作业。此外还有一类作业，虽然本身不用火，然而在施工中可以产生撞击火花、摩擦火花、电气火花和静电火花等，如果这些作业是在禁火区域内进行的话，也属于动火管理范围。

用火作业持续时间比较长，甚至是长期的，一般为正常生产或与生产密切相关的辅助性的使用明火的作业，如生产或工作中经常使用的酒精炉、茶炉、煤气炉、电热器具等有明火或赤热表面的作业均属于用火作业。

（1）使用喷灯

喷灯要不漏油、不漏气，加油不能太满（应占容器容积的70％～80％），外部浮油要擦干净，油塞要拧紧。打气不要太足，点火时的油碗要注满，将喷嘴烤得足够热，然后慢慢地拧开油门，试探冷油是否能在烤热的喷嘴上汽化，如喷嘴上喷出蓝色火焰，即可慢慢开大。如果开油门过急过大，喷嘴尚未烤热，就会冒冷油，此时必须立即关闭油门，再进行点火；若不关闭，冒油不止，就能造成喷灯起火。火焰大小应与工作件相称。火焰不能靠近易燃物和带电体。喷灯油桶使用太久发生过热，应立即熄火降温，待冷却后才能继续使用。

（2）熬沥青

在检修中需要在现场熬沥青时，必须在安全场所进行；燃料堆放等必须和炉灶保持一定距离；熬锅装料不能超过80%，并防止沥青带水，以免熬沥青时发生飞溅和溢锅；应备有盖火用的铁皮，熬炼时必须有专人看管，站在上风向，并佩戴防护用品，以防灼伤和沥青气体危害。

(3) 焊接动火

a. 动火的分级管理。动火作业根据作业区域火灾危险性的大小分为特级、一级、二级三个级别。

特级动火是指在处于运行状态的易燃易爆物品生产装置、输送管道、储罐、容器等部位上及其他特殊危险场所的动火作业。这里说的特殊危险是相对的，而不是绝对的，如果有绝对危险，必须坚决执行生产服从安全的原则，绝对不能动火。凡是在特殊危险区域的动火，必须办理特级动火许可证。

一级动火是指在易燃易爆场所进行的动火作业。凡是一级动火，必须办理一级动火许可证。

二级动火是指除特级动火作业、一级动火作业以外的动火作业。即指化工厂区内除特级、一级动火外的动火和其他单位的丙类火灾危险场所范围内的动火。凡是在二级动火区域内的动火作业，均应办理二级动火许可证。

除特级动火、一级动火、二级动火外，经企业消防安全部门登记审批的固定动火区内的动火，可不办理动火证。

b. 动火安全措施

拆迁法：就是把禁火区内需要动火的设备、管线等从主体上拆卸下来，迁往安全处动火后，再装回原处。此法最安全，只要工件能拆下来，应尽量采用。

隔离法：如动火检修的设备无法拆迁，则动火设备应与其他生产系统进行可靠的隔离，防止运行中的设备、管道内的燃料泄漏到动火的设备中来。隔离的方法有两种，一种是将动火的设备做有效的隔离，例如在管道上用盲板，加封头、塞头，拆掉一节管子等办法做隔离；另一种是捕集火花，隔离熔渣，将动火点和附近的可燃物隔离，例如用湿布、麻袋、石棉毯等不燃材料，将易燃物及其管道连接处遮盖起来，或用铁皮将焊工四面包围，隔离在内，防止火星飞出。在建筑物或设备的上层动火就要堵塞漏洞，上下隔绝，严防火星落入下层。在室外高处动火，则用耐火不燃挡板或水盘等，控制火花方向。

移去可燃物：将动火地点周围10m以内的一切可燃物，如溶剂、润滑油、废纱、未清洗的盛放过易燃液体的空桶、木框、竹箩筐等移走。对于笨重的或无法移走的可燃物，必须采取可靠的隔离措施。

清洗、置换：这两项都是清除设备内的危险物质的措施，在任何检修作业前都应执行。清洗、置换均有一定的技术要求和标准，清洗、置换必须符合标准。

动火分析：经清洗、置换后的设备、管道在动火前，必须进行动火分析。动火分析合格的标准是当采用测爆仪测试时，被测对象的气体或蒸气的体积分数应≤爆炸下限的20%。

敞开通风：需要动火的设备，凡有条件打开的人孔盖、料孔盖等必须全部打开。在室内动火时，必须加强自然通风，即使在严冬也要敞开门窗，必要时采用局部抽风。如在设备内部动火，通风更为重要。在室外动火作业，遇5级以上大风时，应立即停止。这里需要强调的是，在存储易挥发的易燃易爆物质的储罐内动火时，要特别注意邻近储罐上的呼吸阀，一定要采取可靠的隔绝措施或惰性气体保护才能动火。

严格办证：办理动火证是防止发生事故的关键一环。不仅要在动火证上填写分析数据、分析人、动火地点、动火人、动火时间、批准人等，而且还要注明动火的安全措施及落实情况。在各项安全措施都已经落实的前提下才能办证，如果出了事故，也好从动火证上查找原因和追究责任，因此办证时要认真负责严格把关。

特级动火作业的动火安全作业证和一级动火作业的动火安全作业证的有效期限为24小时，二级动火作业的动火安全作业证的有效期限为120小时。

认证确认：确认就是要求有关人员在批准动火前，确认动火准备工作是否完善，作业环境是否允许，动火手续是否齐全，有关工作是否均已衔接，动火时间、地点是否与动火证上注明的一致，监护人员是否在场监督。确认是动火前的最后一次把关，因此要求审批人员一定认真，绝不能随便签个字了事。

24. 防坠落用品安全技术

高处坠落伤亡事故与许多因素有关，如人的因素、物的因素、环境的因素、管理的因素、作业高度的因素等。据高处坠落事故统计分析，5m以上的高处作业坠落事故约占20%，5m以下的约占80%，前者大多数是致死事故。由此可见，防止高处坠落和采取个体防护措施是十分必要的。

(1) 坠落伤害的最低高度

坠落伤害的程度与坠落的高度有关。日本产业安全专家山畸竹吉从大量实例中计算得出坠落高度在2m左右时，仍有造成人身伤（亡）的可能。所以，各国将2m（含2m）以上的作业定为高处作业，并规定需要采取个体防护措施。

(2) 安全带

安全带是高处作业工人预防坠落伤亡的防护用具，由带子、绳子和金属配件组成。

a. 安全带性能要求

材料要求：安全带和安全绳必须用尼龙、维纶、蚕丝等原料编织而成。电工围杆带可用黄牛皮革，金属配件用普通碳素钢或铝合金，包裹绳子用的材料是皮革、维纶或橡胶。

部件尺寸：部件尺寸如表 2-1 所示。

表 2-1　安全带部件尺寸

部件名称	宽/mm	长/mm	直径/mm	备注
腰带(为一整根)	40～50	1300～1600	—	—
护腰带	≥80	600～700	—	接触腰部分垫有柔软材料，外层以织带或轻革包好，边缘无角
金属铆钉	—	—	≥4.5	下垫皮带和金属垫圈，铆面光滑
安全绳	—	—	≥13	
吊绳	—	—	≥16	

b. 安全带的质量检验

静负荷检验：各部件（包括带、绳、金属配件和使用的缝线）和围杆带、绳整体需做静负荷检验，合格后方能组装成安全带。围杆带、绳整体经耐 4412.7N 的静负荷检验合格后方能批量生产。

冲击检验：悬挂安全带进行冲击检验，100kg 重的模拟人自 1m 高冲击，不得出现部件破裂、裂纹和脱钩等情况。单腰带式安全带冲击检验，冲击力数据不超过 8825.9N。自锁钩是在人体坠落时，能立即卡住吊绳，防止坠落的装置，要求自锁钩放置在距上端绳长 0.8m 处时，100kg 重的模拟人落下，绳下滑距离不得大于 1.2m。缓冲器是当人体坠落时，能减少人体受力吸收部分能量的装置，要求缓冲器在 4m 冲距，100kg 重的模拟人落下，冲击力在 8825.9N 及以下。速差式自控器是一个装有一定长度绳索的盒子，作业时可随意拉出绳索使用，坠落时，因速度的变化，引起自控，要求速差式自控器在试验时拉出绳索 0.8m，当 100kg 重的模拟人坠落时，下滑距离不超过 1.2m 为合格。

c. 安全带的使用和注意事项。在采购和使用安全带时，应检查安全带的部件是否完整、有无损伤。金属配件的各种环不得是焊接件，边缘应光滑。使用围杆安全带时，围杆绳上有保护套，不允许在地面上随意拖着绳走，以免损伤绳套影响用绳。悬挂安全带不得低挂高用，这是因为低挂高用在坠落时受到的冲击力大，对人体伤害也大。架子工单腰带一般使用短绳较安全，如需用长绳，以双背带式安全带为宜。使用安全绳时，不允许打结，以免发生坠落受冲击时绳从打结处断裂。当单独使用3m以上长绳时，应考虑补充措施，如在绳上加缓冲器、自锁钩或速差式自控器等。缓冲器、自锁钩和速差式自控器可以单独使用，也可联合使用。安全带使用2年后，应进行一次抽检。围杆带以2206N静负荷作用5min，若带无破断则可继续使用。悬挂安全带用80kg重的沙袋自由坠落进行冲击试验，若不破断则可继续使用。安全带使用期为3～5年，发现异常应提前报废。

(3) 安全网

安全网是用来防止人、物坠落，或用来避免、减轻坠落及物体冲击伤害的防护用具。其主要用于高处作业，如高层建筑施工、造船修船、水上装卸、大型设备安装及其他高处、高架作业场所。

安全网产品一般分平网、立网和密目式安全立网。平网和立网产品应符合标准GB 5725《安全网》的规定；密目式安全立网产品应符合GB 16909《密目式安全立网》的规定。

总之，在班组现场进行高处作业时，必须使用安全帽、安全带和安全网，这对于安全生产是必不可少的。安全帽、安全带、安全网是员工在进行高处作业时的“三宝”，因此，现场高处作业必须使用。

25. 安全把关有“四忌”

(1) 忌施工前安全教育重形式轻内容

“没有经过安全教育，不准进入施工现场”可以说是每一位施工作业负责人都明白的安全规定。安监部门检查时，几乎每一支施工队均可拿出施工人员的安全考试试卷和成绩单，但细究起来，就会发现不少施工人员并非熟悉施工环境及其所检修设备部位可能潜伏的各种危险因素，对生产单位的有关安全规定以及应对突发事件所必需的安全常识更是一知半解、似懂非懂。而化工生产厂区又是易燃易爆、有毒有害和强腐蚀性物质集中的场所，不具备上述常识，如何谈得上安全施工？因而，安监部门在施工前安全把关时，不仅要检查施工人员是否进行了全员的安全教育，更应认真检查教育内容是否包含了“厂区设备检修作业安全规程”中规定的所有方面；教育内容是否结合了作业特点，切合实际、深入细化；全体作业人员对所学内容是否明了、通晓，作业过程是否便于贯彻、落实，力求避免重形式、轻内容。

(2) 忌施工安全责任书中责任落实不到位

为确保安全施工无事故，几乎每个企业在施工前都要与施工队签订施工责任书，有的单位还专门签订施工安全责任书，一般来说，其中的安全责任条文可以说是面面俱到、无一漏项。但若细究起来，就会发现不少单位充其量只是与施工负责人签订安全责任书，真正参与施工的作业人员对其中的不少条文并不了解（或不完全了解）。若果真如此，则该责任书所起的作用就要大打折扣了。因而，安监部门在施工前进行安全把关时，不但要认真检查每一支施工队是否签订了施工安全责任书，更应采取多种措施确保其中的安全责任能够真正落到实处，施工人员应真正掌握进行工作的安全技术和要求，力求避免施工安全责任书中责任落实不到位。

(3) 忌施工安全对策表中的项目残缺不全

为确保安全施工无事故，几乎每一个单位在施工前都要编制施工方案，并制定了相应的安全对策表。泛泛检查，凡是施工的项目均有安全对策，似乎没有漏项。但若细究，便会发现其中的施工项目其实并无操作项，诸如有对策、有措施却无项目负责人；有负责人、实施人却无严格的实施时间限制等。因而真正施工时，并不能逐项落到实处，其中的许多安全措施只是纸上谈兵而已。笔者认为，为确保安全对策表真正落到实处，必须做到项目齐全、对策清楚、目标明确、责任落实。具体来说，就是至少应包括如下诸项：安全对策、具体措施（包括需办理的各种票证）、应达到的目标、实施人、负责人、检查人（或监督人）、实施的时间期限以及实施地点等，力求避免安全对策表中的项目残缺不全。

(4) 忌施工现场交接时不能一条龙交到低

在化工厂区施工（尤其是对现有的生产系统进行停车大修）时，为消除危险因素、落实安全措施，每次检修施工前，都要对生产系统进行置换、吹扫、清洗，加堵盲板，整理现场等，然后由生产单位和施工单位在现场进行详细的交接。许多情况下，这一环节的交接工作的确做得很扎实，诸如哪里有盲板、哪个设备装过什么物料、哪条管线靠近易燃易爆厂区等，可以说交接得很具体、很详细、很完备，似乎无懈可击。但若细究起来，却发现并非如此，因为许多情况下，这一环节的交接工作是在生产单位和总承包单位间进行的。除此之外，总承包单位与分承包的施工队间，施工队负责人（或技术负责人）与具体施工人员间还要进行第二次、第三次的交接，往往越到后面，交接得越简单（因为非生产单位人员对生产系统和作业环境并不熟悉，他们充其量只是“传声筒”而已），甚至把交接内容搞得面目全非。因而，安监部门在施工前安全把关时，要勤于检查、严格把关，确保生产单位交接的内容能一条龙详细交到低。

综上所述，施工前安全把关是一项详细、复杂、艰巨、责任心极强的工作，其工作质量直接关系到整个施工过程的安全状况，因而有必要引起各级安监人员乃至企业管理层的高度重视。

26. 高层建筑防火之策

随着城市建设的发展，越来越多的高楼大厦出现在我们的身边。超过一定高度和层数的多层建筑，被称为高层建筑。

首先，高层建筑功能复杂、设备繁多、装修量大，可燃材料与火源集中，诱发火灾因素多。而且，火灾蔓延途径多，在水平方向和垂直方向都可以蔓延，而且发展速度快。高层建筑内有大量的竖向贯穿空间或井道，如楼梯间、电梯井、管道井、风道、电缆井、垃圾井等。在烟囱效应作用下，烟气会以极快速度向上蔓延。高层建筑火灾还有从外墙窗口向上蔓延的可能。另外，风力因素也使得高层建筑火灾蔓延迅速。

其次，人员疏散比较困难，容易造成重大伤亡事故。高层建筑层数多，垂直安全疏散通道有限而且距离长，一旦发生火灾，烟气的毒性和遮光性等特点使疏散人员产生恐慌心理，容易在疏散通道中造成拥挤堵塞，给安全疏散带来极大困难。

最后，灭火救援难度大。高层建筑火势蔓延快，而且，火灾容易发展成为立体火灾，消防人员到达着火点时间长，消防供水困难。由于登高困难，造成消防人员正确判断火情、实施灭火救援也十分困难。

除了“先天不足”，后天修建过程中也可能出现如下问题：其一，一些高层建筑在设计阶段违反《建筑设计防火规范》的要求，未设置火灾自动报警系统和火灾自动喷水灭火系统；内装修材料不符合要求；无防排烟系统或形同虚设等。其二，消防工程的施工质量存在问题。一些高层建筑消防工程的施工单位水平不高，造成工程施工质量粗劣，还有的以劣质品充当合格品，给工程带来重大火灾隐患。其三，高层建筑消防管理难。高层建筑功能比较复杂，各种消防设施种类繁多，一般都有火灾自动报警系统、自动喷水灭火系统等。面对如此复杂的系统，要做到科学合理的管理并非易事，尤其是多家单位共租一座高层建筑，如果使用上各自为政，就易造成安全出口被锁、疏散楼梯堵死、消防问题互相推诿等问题。另外，一些高层建筑消防设施的合格率偏低，室内装修不符合消防规定，室内消防给水局部水压不足，消防设施的日常维护与管理制度不科学，重要岗位的人员缺乏消防安全知识，自防自救能力差等，这些都是严重的消防隐患。

针对上述情况，高层建筑的消防安全管理工作应从火灾事故预防、灭火设施和提高人们的消防安全意识这三个层面展开。在火灾事故预防层面，高层建筑的消防安全设计应该符合《建筑设计防火规范》的要求，尽量减少建筑设计上存在先天不足，做到合理设计、合理施工，从根源上减少火灾隐患。在灭火设施层面，应该按照《建筑设计防火规范》的要求，合理设置火灾自动探测系统和灭火系统，一旦发生火灾，将火灾消灭在萌芽状态，减少火灾蔓延发生的可能。分析大量火灾案例，大约有 1/3 火灾是人的失误或管理不当造成的，所以，提高人们的消防安全意识、提高人们扑灭早期火灾的能力和自救能力也非常重要。

27. 女职工是劳动保护的特殊群体

（1）劳动过程中的特殊保护

由于妇女身体结构、生理机能与男性不同，有些作业环境会影响妇女的安全、健康。《女职工劳动保护特别规定》规定了女职工禁忌从事的劳动范围：

① 矿山井下作业；

② 体力劳动强度分级标准中规定的第四级体力劳动强度的作业；

③ 每小时负重6次以上、每次负重超过20kg的作业，或者间断负重、每次负重超过25kg的作业。

（2）生理机能变化过程中的保护

① 经期保护。《女职工劳动保护特别规定》规定了女职工在经期禁忌从事的劳动范围：

a. 冷水作业分级标准中规定的第二级、第三级、第四级冷水作业；

b. 低温作业分级标准中规定的第二级、第三级、第四级低温作业；

c. 体力劳动强度分级标准中规定的第三级、第四级体力劳动强度的作业；

d. 高处作业分级标准中规定的第三级、第四级高处作业。

② 孕期保护。《女职工劳动保护特别规定》规定了女职工在孕期禁忌从事的劳动范围：

a. 作业场所空气中铅及其化合物、汞及其化合物、苯、镉、铍、砷、氰化物、氮氧化物、一氧化碳、二硫化碳、氯、己内酰胺、氯丁二烯、氯乙烯、环氧乙烷、苯胺、甲醛等有毒物质浓度超过国家职业卫生标准的作业；

b. 从事抗癌药物生产，接触麻醉剂气体等的作业；

c. 非密封源放射性物质的操作，核事故与放射事故的应急处置；

d. 高处作业分级标准中规定的高处作业；

e. 冷水作业分级标准中规定的冷水作业；

f. 低温作业分级标准中规定的低温作业；

g. 高温作业分级标准中规定的第三级、第四级的作业；

h. 噪声作业分级标准中规定的第三级、第四级的作业；

i. 体力劳动强度分级标准中规定的第三级、第四级体力劳动强度的作业；

j. 在密闭空间、高压室作业或者潜水作业，伴有强烈振动的作业，或者需要频繁弯腰、攀高、下蹲的作业。

（3）女职工劳动保护设施的规定

《女职工劳动保护特别规定》中规定，女职工比较多的单位，应当按照国家有关规定，以自办或联办形式，逐步建立起女职工卫生室、孕妇休息室、哺乳室、幼儿园等设施，并妥善解决女职工在生理卫生、哺乳、照料婴儿方面的困难。女职工劳动保护的权益受到侵害时，有权向所在单位主管部门或当地主管劳动权益的部门提出申诉，受理申诉的部门应自收到申诉书之日起 30 日内做出处理决定。女职工对处理决定不服时，可在收到处理决定书之日起 15 日内向人民法院起诉。对违反这个规定，侵害女职工劳动保护权益的单位负责人及其直接负责人员，其所在单位的主管部门应根据情节轻重，给予行政处分，并责令该单位给予被侵害女职工合理的经济补偿；构成犯罪的，由司法机关依法追究刑事责任。

总之，保护女职工是国家的基本政策，法律上对女职工要给予特殊保护是由女职工身体条件和所担负任务的特殊性所决定的。对女职工的特殊劳动保护，有利于国家的兴旺发达，有利于民族优秀体质的延续。因此，对妇女的特殊保护，还关系到我国下一代健康体质的延续。因此，保护女职工是安全生产的一项重要任务。

28. 把隐患评估放在班组

班组隐患评估活动，就是以行政班组为单位，班组长或安全员牵头，定期组织员工对本岗位、本班组范围内的不安全行为、不安全状态进行查找、评估、整改，使事故隐患能早期发现、及时消除，防止事故的发生。班组隐患评估活动的好处有以下 4 点。

(1) 可提高人员安全素质

在组织班组成员活动时，要树立“事故是可以避免的”和“安全发展意识的新观念”，使其认识到只要了解和掌握了事故发生的规律，采取有力的、针对性的预防措施，事故是能够避免或推迟发生的，即使万一发生事故，也不至于束手无策。同时，通过分析事故可以使班组成员认识到事故原因多种多样，但都可以归因于“质量缺陷”的存在，如操作失误、机械缺陷、组织指挥不当、思想疏忽、管理欠缺等。

(2) 可查找隐患，做到早期发现

事故隐患通过异常事态表现出来，所以，异常事态的早期发现是很重要的。异常事态主要是出现于作业设备和环境的不安全状态或作业者的不安全行为等现象，如机器设备安全装置带病运行，安全防护装置缺损或拆除不用，机器声音不正常，指示仪表摆动大，操作者边操作边加油，或者防护用具不齐等，这些隐患现象的存在很有可能酿成事故。如果员工在作业中没有按有关规定和要求去做，都属于不安全状态和不安全行为，都是异常事态，就是事故的隐患，就是班组的隐患，就是班组隐患评估活动中需要查找的隐患。这些事故隐患是客观存在的一种现象，只要班组成员认真查找，就会发现它，在事故发生之前采取强有力的措施消除掉，就会收到非常明显的安全生产效果。

(3) 可对查出的各类隐患进行分类、鉴定、评估、整改

对于查找出的隐患，班组可以整改的，组织员工自行整改，班组解决不了的，要层层上报，逐级落实整改意见和整改时间以及整改责任人。必须填写隐患整改意见书，必须建立健全隐患整改档案，做到责任明确、责任到人，防止推诿扯皮。

(4) 可绘制班组成员都能看得懂的隐患网络图，实行现场安全监视

在评估整改的基础上，绘制班组现场隐患网络图，标出班组所辖岗位的重点隐患部位，此岗位的操作人员姓名，隐患对班组的影响程度等，公告上墙，使班组成员人人心中有数，并把它作为现场安全监督的重点。现场安全监督是班组隐患评估活动的重要环节。它的目的在于：一是通过现场监督，及时发现并纠正操作者操作不当，作业方法不当，思想不集中现象；二是对隐患整改工作实行跟踪问效，督促其限期整改。实行班组安全监视，主要以班组长、安全员或者员工代表为主，因为他们有做好此项工作的权威性和细致性。

29. 合理使用个体防护用品

个体防护用品是指劳动者在劳动生产过程中免遭或减轻事故伤害、职业危害所配备的防护用品。劳动者在生产建设过程中，由于作业环境条件异常或是其他突然发生的原因，往往容易造成尘、毒、噪声、强磁、辐射、静电感应、爆炸、烫伤、冻伤、淹溺、腐蚀、打击、坠落、绞碾、刺割等危害或工伤事故，严重的甚至危及生命。为了保证劳动生产工作顺利进行，职工在劳动生产过程中使用个体防护用品（具）必不可少，这也是防止死亡事故、预防职业病或职业中毒所采取的有效措施之一。

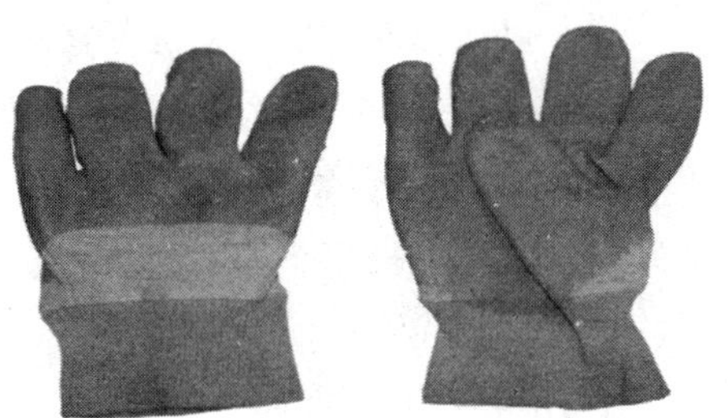

（1）使用中存在的问题

a. 目前，个体防护用品市场极不规范，产品质量良莠不齐，价格迥异，有些商家甚至使用单位不是从合法的经营渠道进货，不执行“三证”（生产许可证、产品合格证和安全鉴定证）的审查，而是贪便宜图回扣，把大量粗制滥造、假冒伪劣产品发给职工，给职工的安全健康埋下了极大的隐患。因个体防护用品质量不合格造成的人身伤害事故屡见不鲜。

b. 个体防护用品趋向时装化，而防护性、适用性能差。随着社会的进步和生活水平的提高，对个体防护服装的要求也在不断地提高，这一点无可厚非，但一味盲目追求所谓面料高档、款式流行、时尚美观，而不考虑其防护功能，就失去了个体防护服装的本意。因为个体防护服装是根据工作条件、环境和防护对象来确定的，其安全性、可靠性都要根据有关标准进行安全测试。如焊工的工作服应该是由纯棉劳动布或阻燃面料制成，紧袖口、紧裤口、夹克样式，其他化纤面料都是不允许的。

c. 企业以经济效益不好为理由，长期不发个体防护用品。在企业资金紧张的情况下，把个体防护用品费用作为可消减的开支之列，甚至连最基本的工作服、手套都统统取消。还有一些私营企业和承包经营单位的领导无视《安全生产法》的规定，从自身经济效益考虑，千方百计克扣职工的个体防护用品，职工怨声载道。这些行为都是违法的、是不允许的。

（2）应采取的安全措施

a. 制定高水平的个体防护用品质量标准，严格执行生产许可证、产品合格证和安全鉴定证的审查制度，保证产品更新换代。在采用国家标准和国外先进标准时，必须改变迁就现有生产技术设备、照顾大多数企业、搞平均的思想。制定高水平的标准，可以给企业以压力，促使其进行及时改造，改进经营管理，引导其尽快改变落后的生产技术面貌，提高产品质量，加快产品更新换代，促进个体防护用品发展。以适应新发展、构建新格局。

b. 关注个体防护用品的科研工作，解决经费投入问题。有关部门要关注个体防护用品的科研工作，鼓励科研人员承担个体防护用品科研项目开发，加大经费的投入，瞄准世界先进水平，提高个体防护用品整体质量水平，生产出时装性、舒适性、适用性、符合时代潮流的个体防护用品。

c. 加强对企业个体防护用品工作的检查。安全生产监督管理部门和相关的政府部门必须加大对企业和市场的监督检查力度，清除伪劣产品，督促使用单位做好劳动保护工作，严格按标准采购、发放个体防护用品，建立健全个体防护用品的发放、更新、使用管理制度。使用者在使用之前做一次外观检查，查有无缺陷和损坏，各部件组装是否严密，是否灵活等。使用和佩戴要规范化、制度化。这不仅仅是安全生产的需要，也是保护员工健康安全的需要。

总之，个体防护用品是在生产过程中保护劳动者的人身安全与健康所必备的一种防御性装备，对于减少职业危害起着相当重要的作用。各种个体防护用品本身所具有的保护作用是有一定限度的，有些作业环境条件复杂多变，超过允许的保护范围，个体防护用品将不起作用。因此，要正确使用个体防护用品，根据作业环境的危害程度合理选择个体防护用品，才能避免发生事故。

30. 泄漏物处置二三事

危险化学品企业发生的危险化学品泄漏事故，能够引起诸多的其他类型事故。当危险化学品介质从其储存设备、输送管道及容器中外泄时，极易引发中毒、火灾、爆炸和环境污染事故。对于泄漏物的处置，除了专业的消防队伍外，工作在生产一线的班组员工是其中坚力量。因此，学习和掌握泄漏物的处置技术，是班组员工搞好安全生产的重要技能。

（1）围堤堵截和挖掘沟槽

修筑围堤是陆地上的液体泄漏物最常用的收容方法。常用的围堤有环形、直线形、V形。通常根据泄漏物流动的情况修筑围堤，拦截泄漏物。如果泄漏发生在平地上，则在泄漏点的周围修筑环形堤。如果泄漏发生在斜坡上，则在泄漏物流动的下方修筑V形堤。储罐区发生液体泄漏时，要及时关闭阀门，防止物料沿明沟外流。对于无法移动装置的泄漏，则在事故装置周围修筑围堤或修建处置池。

（2）稀释与覆盖

为减少大气污染，通常采用水枪或消防水带向有害物蒸气云喷射雾状水。在使用这一技术时，将产生大量的被污染水，因此应疏通污水排放系统。对于可燃物，也可以在现场施放大量水蒸气或氮气，破坏燃烧条件。对于液体泄漏，为降低物料向大气的蒸发速度，可用泡沫或其他覆盖物品覆盖外泄的物料，在其表面形成覆盖层，抑制其蒸发，降低泄漏物对大气的污染和泄漏物的燃烧性。

（3）收容（集）

对于大量液体泄漏，可选择用隔膜泵将泄漏出的物料抽入容器内或槽车内，再进行其他处理。当泄漏量小时，可用沙子、吸附材料、中和材料等吸收中和。所有的陆地泄漏和某些有机物的水中泄漏都可以用吸附法处理。吸附法处理泄漏物的关键是选择合适的吸附剂。常用的吸附剂有活性炭、天然有机吸附剂、合成吸附剂等。中和，即酸和碱的中和反应，反应产物是水和盐。现场应用中和法要求最终 pH 值控制在 6～9，反应期间必须监测 pH 值的变化。

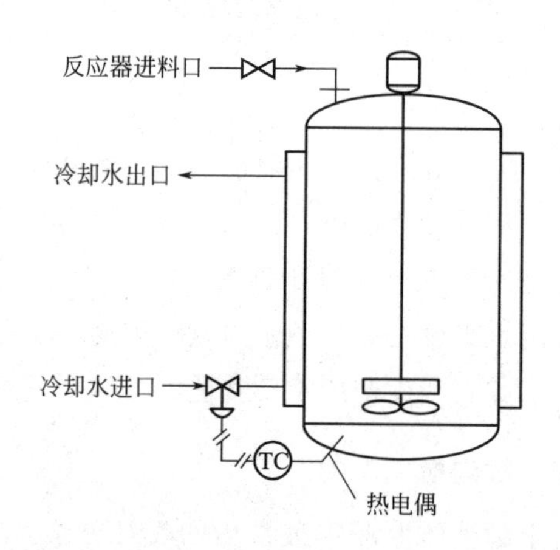

(4) 固化

通过加入能与泄漏物发生化学反应的固化剂或稳定剂，使泄漏物转化成稳定形式，以便于处理、运输和处置。有的泄漏物变成稳定形式后，由原来的有害变成了无害，可原地堆放，不需进一步处理；有的泄漏物变成稳定形式后仍然有害，必须运至废物处理场所进一步处理，或在专用废弃场所掩埋。常用的固化剂有水泥、凝胶、石灰。

(5) 低温冷却

低温冷却是将冷冻剂散布于整个泄漏物的表面上，减少有害泄漏物的挥发。在许多情况下，冷冻剂不仅能降低有害泄漏物的蒸气压，而且能通过冷冻将泄漏物固定住。影响低温冷却效果的因素有冷冻剂的供应、泄漏物的物理特性及环境因素。

综上所述，在危险化学品、石油化工企业，物料的泄漏是造成各类事故的根源之一，生产中的泄漏是安全的大敌，而对泄漏物的处置则是保障安全、保护员工和环境的重要手段，这需要根据具体情况运用具体技术。围堤堵截、挖掘沟槽、稀释、覆盖、收容、固化、低温冷却，这些技术都需要进行泄漏物处置的班组一线员工很好地掌握。掌握了这些技术，泄漏物的处置也就迎刃而解了。

31. 作业场所危险辨识、隐患查找

(1) 查找隐患的途径

班组作业场所查找事故隐患就是把运行系统、设备和设施存在的缺陷和危险因素以及在作业操作过程中人的不安全行为（包括习惯性违章）查找出来。主要应通过以下途径查找。

a. 从本企业、本车间已发生的事故中吸取经验教训，分析本班组的安全状况，检查判断本班组是否存在发生事故的可能性，找出尚未觉察到的危险和隐患。

b. 对本班组已发生的事故或未遂事故进行分析，检查目前是否存在潜在的危险因素，检查本班组对各种可能发生的事故的预防措施是否真正落实。本项工作由班组长和班组安全员来组织和实施。

c. 将本班组的每个成员的习惯性违章行为逐一列出，与安全操作规程对照，提出具体的纠正办法和整改措施，并在工作中进行考核。

(2) 辨识危险（隐患）的内容

a. 运行设备、系统有无异常情况，如振动、声响、温升、磨损、腐蚀、渗漏等，这些现象和情况不是“天生”的，是“后天”发展而来的，要随时掌控。

b. 设备及设施的各种防护装置，如电气防护装置、自动防护装置、热工防护装置、机械安全防护装置等是否正常投运，动作是否准确、灵敏，是否定期校验。这些安全防护装置和设施是“先天”设置的，但“后天”的校验、检查、维护是保证安全运行的关键。

c. 运行设备、检修设备的安全措施、安全标志是否符合有关规定和标准的要求。运行设备以及检修设备的安全措施全部是由人来制定的，安全标志也是人为设立的，这些“后天”的工作是辨识危险的主要内容。

d. 危险品的储存，易燃易爆品的保管和领用是否存在隐患，有无重大危险，特别是动火、高处、受限空间、盲板抽堵、吊装、临时用电、动土、断路

八大危险作业，是否按《化学品生产单位特殊作业安全规范》（GB 30871—2014）国家标准的要求进行。

e. 作业场所的粉尘浓度是否达到工业控制标准，防尘设施是否正常投运；有毒有害气体排放点的通风换气装置是否正常投运，是否符合《工作场所有害因素职业接触限值》（GBZ 2.1，GBZ 2.2）的要求。

f. 作业现场的井、坑、孔、洞、栏杆、围栏、转动装置的防护罩是否符合规定要求。脚手架、平台、扶梯是否符合设计标准。

g. 作业现场照明是否充足，在受限空间、潮湿的设备内以及狭小的沟槽内作业是否按规定使用安全电压灯（安全行灯）。

h. 班组成员在作业时是否正确使用个人防护用品，工作中有无习惯性违章行为。

(3) 查找隐患的方法

班组在开展辨识危险、查找隐患的活动中，可采用对照检查的方式，充分依靠班组全体成员的智慧和经验，在班组长的主持下开展。在辨识危险、查找隐患对照检查活动中，班组成员可以根据自己的工作经验和掌握的信息，各抒己见。班组长要把大家分析讨论的重点引导到“危险在哪里？隐患是什么？”这个主题上来，使得讨论的重点突出、目的明确，进而找出岗位中存在的潜在危险。在分析讨论的同时，还应适时地使用安全检查表，把班组成员的不安全行为和机器设备的不安全状态全部摆出来，加以确认，使班组成员对危险和隐患有深刻的认识，达到提高安全意识和预防事故的目的。

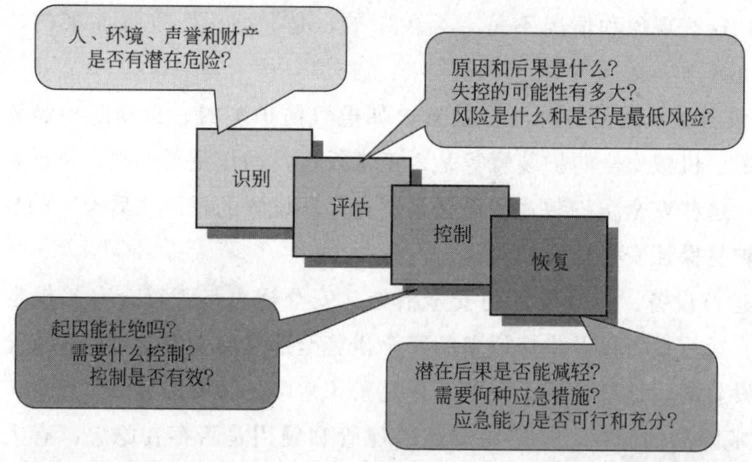

总之，只有辨识出隐患，才能去查找隐患；只有查找出隐患，才能控制和

消除隐患。这是班组现场安全工作的基本做法，每一位班组员工必须懂得这个道理。

32. 班组应预防振动和振动病

振动普遍存在于自然界中，在班组生产作业中接触生产性振动的人数逐渐增多。使用风动或电动工具，虽可提高劳动效率，但振动本身对工人身体也有不良影响。

（1）对人体的危害

生产性振动作用于人体时，由于传导方式不同，通常分为局部振动和全身振动。

局部振动对血管的紧张度有一定的影响。高频率、小振幅可引起血管收缩和血压升高，甚至发生血管痉挛；低频率、大振幅的振动，可使血管扩张和血压下降；振幅大而又有冲击力的振动，往往可造成骨、关节的病变。

全身振动一般是大振幅、低频率的振动，主要作用于能影响人体平衡的前庭器官，并使内脏位置移动，可引起脸色苍白、出冷汗、眼球浮动、恶心、呕吐、头痛、头晕和全身衰竭等；妇女受到强烈振动影响，可发生子宫下垂、流产等。

（2）振动病的临床表现

a. 局部振动病。长期接触强烈的局部振动能引起振动病。多为手部症状、神经衰弱综合征，尤以肢端动脉痉挛最突出。根据我国职业病诊断标准，局部振动引起的振动病按病情分为三种。

有长期密切的职业接触史，作业工龄一般在1年以上，具有手部疼痛、麻木、发冷、僵硬、发胀、无力等局部症状，也可出现头痛、失眠、耳鸣等全身症状，并具有下列情况之一者，可列为观察对象：手部冷水浸泡后复温时间超过30min；手部痛觉、触觉、振动觉减退。

轻度局部振动病：除上述症状外，发生雷诺现象，即局部振动所引起的手指的间歇性发白或发绀，也称振动性白指，遇冷时指甲发白，界限分明，偶尔波及个别手指近端指节。另外末梢肌电图检查有神经性损害，或伴有手部肌肉轻度萎缩。

重度局部振动病：具有下列情况之一者，可诊断为重度局部振动病。白指发展至多手指近端指节，除冬季外，其他季节遇冷后也可发作，对生活和工作有一定影响，个别病情严重者可出现指端坏疽。手部肌肉明显萎缩，肌电图检查可见神经源性损害。

b. 全身振动病。最常见的是足部周围神经与血管的改变，脚痛、脚易疲劳，知觉轻度减退或过敏，腿及脚部肌肉有触痛，脚皮肤温度低。全身症状初期有头晕、易疲乏等。这些症状逐渐加重，并有头痛及其他神经衰弱症状。

(3) 预防措施

a. 改革工艺过程和生产设备。用无声铆（水压机或油压机）代替风动工具，或用电焊代替铆接，是消除振动的最好措施。另外在气流速度很高的风管上包上阻尼材料，如沥青和软木屑或石棉泥，能起减振作用。

b. 做好风动工具的维修。风动工具应专人使用，每天检修，预防零件松动。应发放双层衬垫的无指手套，以利减振。

c. 安排适当的工间休息。工作中可安排一定的工间休息。振动的频率越高，休息次数与时间应相对地增加和延长。使用的风动工具振动频率达1200次/min时，工人操作1h宜休息10min；如振动频率为4000次/min，操作1h宜休息30min。

d. 采取隔振措施，预防全身振动。产生振动的车间不应设在楼上，车间地面应为水泥地。在修建地基时就应注意防振动，机器设备应安装在单独隔离的地基上，设备地基与建筑物地基之间应利用空气层、橡胶垫或软木等隔离。

将机器零件材料改用塑料、橡胶材料或加上衬垫，可以减轻设备的振动。

e. 体检。对接触振动的工人应进行就业前及定期体检。

总之，班组生产现场防止振动危害是安全生产的需要，只有员工身体好，才能确保生产的安全，才能把生产任务完成好。

33. 化工操作中工艺参数的重要性

化工生产操作过程中，正确控制各种工艺参数，防止超温、超压和溢料、跑料是防止火灾爆炸事故极其重要的方面。

（1）温度控制

化学反应速率与温度有密切的关系，为防止温度过高或过低而发生事故，应注意掌握以下几个方面。

a. 控制升温速度。升温速度过快，会使反应加剧而导致压力升高或冲料，引起燃烧爆炸。

b. 防止加料温度过低。加料时温度过低，加入的物料不起反应而累积起来，当温度升高后，反应突然加剧，反应产生的热量超过设备的传热能力，引起超温、超压而发生事故。

c. 防止搅拌中断。搅拌可以加速传热和传质，使反应物料温度均匀，防止局部过热。操作时应避免先把几种反应物料投入反应锅，然后再搅拌，这样会因物料反应剧烈而造成超温、超压。生产过程中因突然停电或搅拌器脱落而造成搅拌中断时，应立即停止加料，并采取有效的降温措施。

d. 防止干燥温度过高。某些易燃和易分解物质性质很不稳定，干燥温度过高容易引起火灾和爆炸。因此要严格控制干燥温度，防止局部过热造成事故。

（2）投料控制

a. 投料速度。对于放热反应，投料速度不能超过设备传热能力。如果投料速度太快，则会引起温度骤升，使物料分解而造成事故；如果投料速度突然减小，反应温度降低，一部分反应物料因温度过低而不发生反应，升温后反应加剧容易引起超温、超压而发生事故。

b. 投料配比。对于反应物料的浓度、体积、质量、流量等都要准确分析和计算。对连续化程度高、危险性大的生产，刚开车时要特别注意投料配比，尤其是接近爆炸极限的配比，更应该经常分析含量，并尽量减少开、停车次数。另外，投料配比不当，还会生成危险的过反应物。

c. 投料顺序。化工生产必须按一定的顺序投料。如氯化氢合成，应先通氢后通氯；三氯化磷生产中，应先投磷后通氯，否则极易发生爆炸事故。

d. 控制原料纯度。许多化学反应，由于反应物料中含有过量杂质，以致引起燃烧爆炸。如电石中含有过量的磷，则由其生产的乙炔中会有易自燃的磷化氢，可导致乙炔-空气混合物的爆炸。因此应有严格的质量检验制度，以保证原料纯度。

e. 控制投料量。化工反应设备或储罐都设计有一定的安全容积，带有搅拌器的反应设备要考虑搅拌开动时的液面升高；对于储罐、气瓶，应考虑温度升高后液面或压力的升高，投料量如果超过安全容积，则会引起溢料或超压。

(3) 防止跑料、溢料和冲料

这种现象一般都是由操作失误而引起的，如未及时切断进料阀、投料速度过快、升温速度太快等。化工生产中的跑料、溢料和冲料现象具有很大的危险性。若可燃气体和易燃液体蒸气扩散到空间，与空气形成爆炸性混合物，极易引起火灾爆炸。

(4) 紧急情况停车处理

a. 停电。一般情况下应立即停止加料，注意温度和压力变化，保持必要的物料流通，随时准备紧急排放。如全部装置断电，应按紧急停车安全预案处理。

b. 停水。对用水作冷却介质的反应要立即停止加料，密切注意反应温度和压力的变化，必要时采取紧急排放措施。对用水冷却的运转设备要注意设备温度，发现超温必要时应紧急停车。

c. 停汽。停汽后加热装置温度下降，应根据温度变化采取相应安全措施，以防止熔融的固体物料凝结堵塞在设备和管道中。及时关闭蒸汽与物料系统连通的阀门，以防物料倒流入蒸汽系统而引发事故。

总之，化工企业的班组员工，在化工生产的工艺过程中，对工艺参数的控制是其生产产品和保障安全的关键。因此，温度控制，投料控制，防止跑料、溢料和冲料，以及紧急情况停车处理乃是化工操作中工艺控制的要点。

34. 化工生产过程的安全控制

(1) 采用安全合理的工艺过程

a. 按物质的危险性采取相应的措施。通过改革工艺，以火灾爆炸危险性小的物质代替危险性大的物质。根据不同性质的物质采用相应的措施，如对于遇空气能自燃、遇水燃烧爆炸的物质，要采取隔绝空气、防水防潮等措施；对互相抵触的物质不能混存；遇酸碱能分解爆炸的物质要防止与酸碱接触；有强氧化性的物质要避免与易燃、可燃物相遇；对易发生聚合的物质，必须添加阻聚剂等。

b. 系统密封及负压操作。易燃气体、液体、蒸气和粉尘的生产设备、管道如发生泄漏，能与空气形成爆炸性混合物，因此设备应密闭不漏。为保证设备的密闭性，安装前后应进行耐压和气密性试验。输送易燃物质的管道应尽量少用法兰连接。

负压操作可以防止系统中易燃气体向外扩散，但在负压操作中应防止空气进入系统而形成爆炸性混合物，在打开阀门前可用惰性气体进行保护。

c. 生产过程的连续化和自动化控制。生产过程的连续化可以简化操作管理，便于实现自动控制，有利于安全生产。随着自动化程度的提高，系统的安全可靠性也随之提高。但即使是自动控制，仍需要操作人员发出指令，并要防止误操作，这就对操作人员的责任心和应变能力提出了更高的要求。

d. 不活泼气体保护。化工生产中常用的不活泼气体有氮气、二氧化碳、水蒸气及烟道气。不活泼气体保护常用于以下方面：易燃固体物质的粉碎、筛选及其粉尘的输送。易燃易爆物料的设备、管道在进料前用不活泼气体进行置换。易燃液体应用不活泼气体充压输送。易燃易爆物质的生产装置需动火检修时，用不活泼气体进行吹扫和置换。用于灭火的不活泼气体，通过管线与有火灾爆炸危险的设备、储罐连接，一旦发生火灾作为扑救之用。

e. 通风排气。通风排气是防止燃烧、爆炸混合物形成的重要措施。通风方式一般宜采用自然通风，如自然通风不能满足要求时应采用机械通风，其电气设备应符合防爆要求。

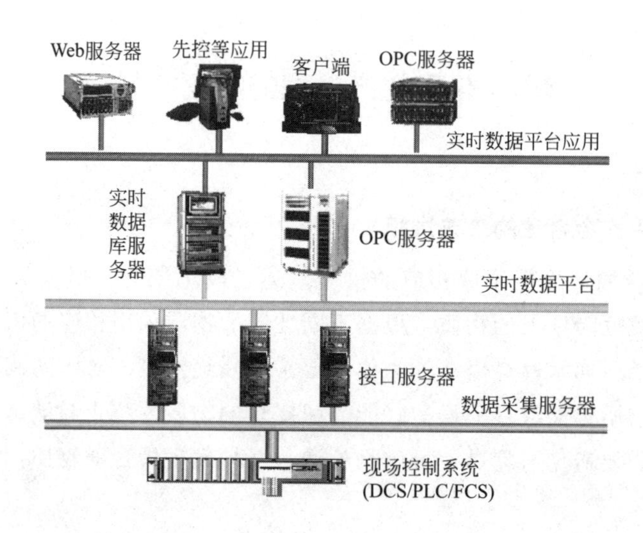

(2) 安全保护装置

a. 信号报警。信号报警装置可以在出现危险状态时发出信号，以便操作人员及时采取措施消除隐患。发出的信号一般有声、光等，通常都与测量仪表相连接，当反应温度、压力、液位等超过正常值时，报警系统就会发出信号。

b. 保险装置。保险装置能在发生危险状况时自动地消除不正常状况。如锅炉、压力容器上的安全阀和爆破片；燃气锅炉在炉膛熄火时，自动切断气源装置和防止高压窜入低压的泄压装置；紧急切断和事故排放槽等安全装置。

c. 安全联锁。安全联锁是对操作顺序有特定安全要求，防止误操作的一种安全装置，有机械联锁和电气联锁装置。

总之，安全控制是化工安全生产的主要手段。按物质的危险性采取相应的措施，采用系统全密封及负压操作，采用联锁化和自动控制，采用不活泼气体保护，以及通风排气是安全控制的主要方法。当然，设置安全保护装置，利用计算机技术远距离控制，则从根本上保障了化工生产的安全。

35. 确保压力容器的安全运行

(1) 精心操作，动作平稳

操作压力容器要集中精力，勤于观察和调节。操作应当平稳，在升压、升温或降压、降温时都应该缓慢进行，不能使压力、温度骤升骤降。因为压力突然升高，会使材料受到很高的加载速度，造成材料的塑性、韧性下降，在压力的冲击下可能导致容器脆性破坏。升温和降温的速度缓慢，容器各部位的温度大致相近，温差小，材料因温差而产生的附加应力也小。反之，升温和降温的速度过快，容器各部位的温差也大，由此产生的温度应力就大，材料抵抗变形和断裂的能力就会降低，或使材料中的微裂纹很快扩展，缩短了容器使用寿命，甚至导致容器的破坏。因此保持压力和温度的相对稳定，减小压力和温度的波动幅度，是防止容器疲劳破坏的重要环节之一。

(2) 禁止超压、超温、超负荷

压力容器的设计是根据工艺选定的最高工作压力、温度、负荷和介质特性，从而确定容器的材质、容积、壁厚和进出口管径；确定安全附件的材料、规格及数量等。超压是容器爆炸的一个重要原因，超压有时并不立即引起容器爆炸，但是会使材料中存在的裂纹加快扩展，缩短了容器的使用寿命或为爆炸创造了条件。

材料强度一般随温度的升高而降低。超温使材料强度下降，因而产生较大的塑性变形（例如局部超温使容器产生鼓包现象），最终导致容器失效或爆炸。超温还往往是容器发生蠕变破坏的主要原因。此外，化学反应常引起超温，所以严格控制反应温度也是预防燃烧、爆炸的一个重要措施。运行中不准超过最高工作温度，同样也不准低于最低工作温度，特别是低温容器或工作温度较低的容器。如果温度低于规定的范围，也可能导致容器的脆性破坏。

(3) 巡回检查，及时发现和消除隐患

压力容器的破坏大多有征兆，只要勤于检查，仔细观察，是能够及时发现异常现象的。因此，在容器运行期间应该定时、定点、定路线进行巡回检查，认真、按时、如实地做好运行记录。在运行中检查的内容包括工艺条件、设备状况和安全附件。

(4) 紧急停止运行

压力容器发生下列异常现象之一时，操作人员应立即采取紧急措施，并按规定的报告程序，及时向有关部门报告：

a. 压力容器的工作压力、介质温度或器壁温度超过规定值，采取措施仍不能得到有效控制。

b. 压力容器的主要受压元件产生裂缝、鼓包、变形、泄漏等危及安全的现象。

c. 安全附件失效。

d. 接管、紧固件损坏，难以保证安全运行。

e. 发生火灾等直接威胁到压力容器安全运行。

f. 过量充装。

g. 压力容器液位超过规定值，采取措施仍得不到有效控制。

h. 压力容器及管道发生严重振动，危及安全运行。

i. 其他异常情况。

总之，压力容器的安全运行是压力容器的安全之魂。操作中要掌握的要领是：精心操作、动作平稳；禁止超压、超温、超负荷；加强巡回检查，及时消除隐患；如果遇到紧急情况，应采取紧急措施停止运行。班组员工掌握了这些要领，压力容器的安全运行就掌握在自己的手中。

36. 压力容器定期检验要领

(1) 外部检查

外部检查是指在用压力容器运行中的定期在线检查，每年至少进行一次。外部检查可由检验单位有资格的压力容器检验员进行，也可由经过安全监察机构考核合格的使用单位压力容器专业人员进行。

（2）内外部检验

内外部检验也称全面检验，是指在用压力容器停机时的检验，应由检验单位有资格的压力容器检验人员进行。其检验周期分为以下两种：安全状况等级为1级、2级的，每两年至少一次；安全状况等级为3级的，每3年至少一次。

检验的一般程序包括检验前准备、全面检验、缺陷及问题的处理、检验结果汇总、结论和出具检验报告等。检验的具体项目包括宏观（外观、结构以及几何尺寸）、保温层和隔热层衬里、壁厚、表面缺陷、埋藏缺陷、材质、紧固件、强度、安全附件、气密性以及其他必要的项目。

检验的方法以宏观检查、壁厚测定、表面无损检测为主，必要时可以采用以下检验检测方法：超声检测、射线检测、硬度检测、金相检验、化学分析或者光谱分析、涡流检测、强度校核或者应力测定、气密性试验、声发射检测等。

a. 宏观检查。宏观检查主要是检查外观、结构及几何尺寸等是否满足容器安全使用的要求，按《压力容器定期检验规则》有关规定评定安全状况等级。

外观检查：容器本体、对接焊缝、接管角焊缝等部位的裂纹、过热、变形、泄漏等，焊缝表面（包括近焊缝区），以肉眼或者5～10倍放大镜检查裂纹。内外表面的腐蚀和机械损伤。紧固螺栓。支承或支座，大型容器基础的下沉、倾斜、开裂。排放（疏水、排污）装置。快开门式压力容器的安全联锁装置。多层包扎、热套容器的泄放孔。

结构检查：筒体与封头的连接、开孔及补强、角接、搭接、布置不合理的焊缝、封头（端盖）、支座或者支承、法兰、排污口等。这些检查项目仅在首次全面检验时进行，以后的检验仅对运行中可能发生变化的部分进行复查。

几何尺寸检查：纵、环焊缝对口错边量、棱角度；焊缝余高、角焊缝的焊缝厚度和焊角尺寸；同一断面最大直径和最小直径；封头表面凹凸量、直边高度和直边部位的纵向皱褶；不等厚板（锻）件对接接头为进行削薄或堆焊过渡的两侧厚度差；直立压力容器和球形压力容器支柱的垂直度等。这些检查项目也仅在首次全面检验时进行，以后的检验只对运行中可能发生变化的部分进行复查。

b. 壁厚测定。测定的位置应当有代表性，有足够的测定点数。测定后标图记录，对异常测厚点做详细标记。厚度测定点的位置，一般应当选择以下部位：液位经常波动的部位；易受腐蚀、冲蚀的部位；制造成型时壁厚减薄的部位和使用中易产生变形及磨损的部位；表面缺陷检查时，发现的可疑部位；接管部位。壁厚测定时，如果遇母材存在夹层缺陷，应当增加测定点或者用超声检测，查明夹层缺陷分布情况以及母材表面的倾斜度，同时作图记录。

c. 表面无损检测。有以下情况之一的，对容器内表面对接焊缝进行磁粉或渗透检测，检测长度不少于每条对接焊缝长度的20%：首次进行全面检查的第三类压力容器。盛装介质有明显应力腐蚀倾向的压力容器。Cr-Mo钢制压力容器。标准抗拉强度下限≥540MPa的钢制压力容器。

对应力集中部位、变形部位、异种钢焊接部位、奥氏体不锈钢堆焊层、T形焊接接头、其他有疑问的焊接接头、补焊区、工卡具焊迹、电弧损伤处和易产生裂纹部位，应当重点检查对焊缝裂纹敏感的材料，注意检查可能发生的焊趾裂纹。

有晶间腐蚀倾向的压力容器，可以采用金相检验检查。

绕带式压力容器的钢带的始、末端焊接接头，应当进行表面无损检测，不得有裂纹。

铁磁性表面无损检测优先选用磁粉检测。

标准抗拉强度下限≥540MPa的钢制压力容器，耐压试验后应进行表面无损检测抽查。

(3) 气密性检验

a. 介质毒性程度为极度、高度危害或者设计上不允许有微量泄漏的压力容器，必须进行气密性试验。

b. 气密性试验的试验介质由设计图样规定。试验压力应当等于本次检验核定的最高工作压力，安全阀的开启压力不高于容器的设计压力。

c. 气密性试验应符合以下要求：盛装易燃介质的压力容器，在气密性试验前，必须采用蒸汽或其他有效手段进行彻底的清洗、置换，并且取样分析合格。试验所用气体为干燥洁净的空气、氮气或者其他不活泼气体。碳素钢和低合金钢制造的压力容器进行气密性试验时，所用气体温度不得低于5℃；其他材料制造的压力容器，其试验用气体温度应符合设计图规定。

气密性试验的操作应符合以下规定：压力容器进行气密性试验时，应当将安全附件装配齐全。升压应当分梯级逐级提高，每级一般可为试验压力的10%～20%，每级之间适当保压，以观察有无异常现象。达到试验压力后，经过检查无泄漏和异常现象，保压时间不少于30min，压力不下降即为合格，保压时禁止采用连续加压以维持试验压力不变的做法。有压力时，不得紧固螺栓或者进行维修工作。对盛装易燃介质的压力容器，如果以氮气或其他不活泼气体进行气密性试验，试验后应保留0.05～0.1MPa的余压，保持密封。

总之，压力容器的定期检验是其安全运行的前提和条件，必须不折不扣认真执行，这样，才能保证压力容器安全运行、稳定，长周期、满负荷、优质生产。

37. 压力容器耐压试验要领

(1) 试验前的准备

压力容器全面检验合格后方允许进行耐压试验。耐压试验前，压力容器各连接部位的紧固螺栓必须装配齐全，紧固妥当。耐压试验场地应当有可靠的安全防护设施，并且经过使用单位技术负责人和安全部门认可。耐压试验过程中，不得进行与试验无关的工作，无关人员不得在试验现场停留。

(2) 压力表的选用

耐压试验时至少采用两个量程相同并经检查合格的压力表。压力表安装在容器顶部便于观察的部位。压力表的选用应符合如下要求：

a. 低压容器使用的压力表精度不低于2.5级，中压及高压容器使用的压力表精度不低于1.5级。

b. 压力表的量程应当为试验压力的1.5～3.0倍，表盘直径不小于100mm。

(3) 试验介质的要求

a. 凡在试验时，不会导致发生危险的液体，在低于其沸点的温度下，都可以作为液压试验介质，一般采用水。当采用可燃性液体进行液压试验时，试验温度必须低于可燃性液体的闪点，试验场地附近不得有火源，并且配备适用的消防器材。

b. 以水为介质进行液压试验，所用的水必须是洁净的。奥氏体不锈钢压力容器用水进行液压试验时，控制水中氯离子含量不超过25mg/L。

(4) 试验操作要求

a. 压力容器中充满液体，滞留的气体必须排净，容器的外表面应当保持干燥。

b. 当压力容器的壁温与液体温度接近时才能缓慢升压至规定的试验压力，保持30min，然后降至规定试验压力的80%（移动式压力容器降至规定试验压力的67%），保压足够时间进行检查。

c. 检查期间压力应当保持不变，不得采用连续加压的方式来维持试验压力不变。液压试验过程中不得带压紧固螺栓或向受压元件施加外力。

d. 液压试验完毕后，使用单位按规定进行试验用液体的处置以及对内表面的专门技术处理。

(5) 试验合格的标准

a. 无渗漏。b. 无可见的变形。c. 试验过程中无异常的响声。d. 标准抗拉强度下限≥540MPa的钢制压力容器，试验后经过表面无损检测未发现裂纹。

(6) 气压试验的要求

a. 由于结构或者支承原因，不能充灌液体以及运行条件不允许残留试验液体的压力容器，可以按设计图样规定采用气压试验。

b. 气压试验的操作要求如下：缓慢升压至规定试验压力的10%，保压5～10min，对所有焊接和连接部位进行初步检查，如果无泄漏可以继续升压到规定试验压力的50%。如果无异常现象，其后按规定试验压力的10%逐级升压，直到试验压力，保压30min。降到规定试验压力的87%，保压足够时间进行检查。检查期间压力应当保持不变，不得采用连续加压的方式来维持试验压力不变。气压试验过程中严禁带压紧固螺栓或者向受压元件施加外力。

c. 气压试验后符合以下条件为合格：压力容器无异常响声；经过肥皂液或其他检漏液检查无漏气；无可见的变形。

总之，压力容器的耐压试验是压力容器使用的前置工作，只有耐压试验合乎要求，压力容器才能投入使用。压力容器生产厂的检验班组成员和压力容器安装的检验班组成员，一定要掌握其程序，熟悉其要求，为压力容器的运行安全做出应有的贡献。

38. 静电安全防护办法

静电的主要危害是引起火灾和爆炸、电击伤人和妨碍生产，而在各种危害中，火灾和爆炸最为严重。具备下列条件方能酿成火灾和产生爆炸危害。

a. 具备产生火花放电的电压。b. 具备产生静电电荷的条件。c. 有能够产生火花的足够能量。d. 有能够引起火花放电的合适间隙。e. 放电周围有易燃易爆混合物。

上述 5 个条件缺一不可，因此只要消除上述条件其中之一，就可达到消除静电危害的目的。

(1) 场所危险程度的控制

a. 减少摩擦起电。在传动装置中，应减少皮带与其他传动件的打滑现象。如皮带要松紧适当，保持一定的拉力，并避免过载运行等。尽可能采用导电胶带或传动效率高的导电的三角带。

b. 在输送可燃气体、易燃液体和易燃易爆物质的设备上，应采用直接轴传动（或联轴器），一般不宜采用皮带传动；如需用皮带传动，则必须采取有效的防静电措施。

c. 限制易燃和可燃液体的流速，可以大大减少静电的产生和积聚。当液体平流时，产生的静电量与流动速度成正比，且与管道的内径大小无关；当液体紊流时，产生的静电量则与流速的 1.75 次方成正比，并与管道内径的 0.75 次方成正比。

(2) 工艺控制

工艺控制是从材料选择、工艺设计、设备结构等方面采取措施，控制静电的产生，使之不超过危险程度。

(3) 人体的防静电措施

a. 为防止人体带电，在有防爆要求的车间内，不得使用塑料、橡胶等绝缘地面，并尽可能保持湿润。

b. 工作人员在进入有防爆要求的车间之前，应穿戴防静电工作服，并清除身体上的静电，如抚摸接地的金属板、棒等，方可进入。

(4) 消除静电措施

a. 接地泄漏。接地可以将带电物体上的静电荷通过接地装置或接地导体，较迅速地导入大地，避免静电荷的大量积聚。

接地对象：在易燃易爆场所，凡能产生静电的场所内所有金属容器、输送机械、管道、工艺设备等；输送油类等易燃液体的管道、储罐、漏斗、过滤器以及其他有关的金属物体或设备；处理可燃气体或物质的机械外壳，转动的辊筒及一些金属设备；加油站、油品车辆、船体、铁路轨道、浮顶油罐。采用绝缘管道输送物料能产生静电，在管道外的金属屏蔽层应接地，最好采用内壁衬有铜丝网的软管并接地。

接地方式：油罐罐壁用焊接钢筋或扁钢接地。注油金属喷嘴与绝缘输油软管应先搭接后接地。铁路轨道、输油管道、金属栈桥和卸油台等始末端和分支处应在每隔 50m 处接地。输油软管或软筒上缠绕的金属件也应接地。储油罐的出入油管间如有一定距离时，应先用连接件搭接后接地。在易燃液体注入容器时，注入器（如料斗、喷嘴）应接地。

接地要求：室外储罐如已有防雷接地，并互相有可靠的电气连接，可不另装静电接地。每个储罐至少应有 2 处以上的接地点，间距不得大于 30m，接地点不应设在进液口附近。地上或地下敷设的可燃易燃液体、气体的管道的始端、终端、分支处，以及直线段每隔 200～300m 处均应设置接地点。车间内管道系统接地点不应少于2处。两平行管道间距小于10cm时，应每隔20m用金属线跨接。金属结构或设备与管道平行或相交间距小于10cm时，也应跨接。可用直径10mm的圆钢作跨接线。搭接线或螺栓连接处，其接触电阻不应超过0.03Ω，并应采用铜片包垫。独立设置静电接地时与防雷接地装置的距离不得小于3m，并且与易燃、易爆物排出口也应保持3m以上距离，接地电阻不应大于100Ω。设备、管道连接的跨接端及引出端的位置，应选择在不受外力损伤，便于检查维修，且能与接地干线容易连接的地方。土壤中有强烈腐蚀性的地区，应采用铜或镀锌的接地体。一般敷设在地下的接地体都不宜涂刷防腐油漆。

b. 降低电阻率。当物质的电阻率小于$1\times10^{4}\Omega\cdot m$时，就能防止静电荷的积聚。

添加导电填料：用掺入导电性能良好的物质的方法来降低其电阻率。如在橡胶的炼制过程中掺入一定量的石墨粉，即能降低橡胶的电阻率，从而成为导电橡胶；在塑料生产中掺入少量的金属粉末和石墨粉末等导电性物质，制成低电阻性塑料。

采用防静电剂：防静电剂以油脂为原料，主要成分为季铵盐，它的作用是使化纤、橡胶、塑料等物体的表面吸附空气中的水分，增加电导率。如阳离子抗静电油剂，在聚乙烯化纤纺织和聚乙烯醇合成纤维抽丝过程中，只要少量涂抹，即能使静电电压限制在几十伏内。在生产涤纶短纤维时使用的MOA3/PK油剂等，也都有较好的防静电功能。

增加空气湿度：当空气的相对湿度大于70%时，物体表面往往会形成一层极薄的水膜。水膜能溶解空气中的二氧化碳，使表面电阻率大大降低，静电就不容易积聚。如果周围空气的相对湿度低于50%，则静电不易逸散，就有可能形成高电位。增加空气湿度的常用方法，是向空气中喷水雾，一般选用旋转式风扇喷雾器。不过该设备不防爆，在有易燃、易爆蒸气的场所，则必须从墙外吹入水雾。

空气电离法：利用静电消除器来电离空气中的氧、氮原子，使空气变成导体，就能有效地消除物体表面的静电荷。常用的静电消除器有以下两种。

感应式静电消除器，可分为钢件接地感应式、刷型感应式、针尖感应式等。主要用于化工、石油、造纸、橡胶、纺织、塑料等生产及其他加工行业。

高压式静电消除器，主要有外加式、工频交流式、可控硅式、交流高频高压式等，在化工、纺织、印刷、橡胶、塑料等工业中可根据不同的要求选用。此外，还有高压离子流、放射性辐射等形式，适用于其他特殊场所。

总之，静电的危害极大，班组员工要充分认识在生产现场静电的危害，要严格按照规程、标准、规范进行工作。

39. 检修班组检修前的安全准备

（1）制定施工方案

在化工企业里，不论大、中、小修，都必须集中指挥、统筹安排、统一调度、严格纪律，认真贯彻落实安全管理工作“五同时”，即在计划、布置、检查、总结、评比检修工作的同时，计划、布置、检查、总结、评比安全工作。每个检修项目都要制定施工方案和绘制检修网络图。全厂停车大检修，或是一个设备停工大修，必须由企业的大修指挥部编制出全面的检修施工方案及网络图，列明检修的项目、内容、要求、人员分工、安全措施、施工方法和进度等。

（2）制定安全检修制度

科学的规章制度是安全检修的根本保证。根据检修计划制定了施工方案以后，还必须进一步修订和完善安全检修制度。要结合国家有关安全生产的法律、法规、标准和规程、规定等，以及企业的实际和生产特点，针对检修作业内容、施工范围等，制定出本企业的大检修安全规定。

（3）进行安全教育

在检修人员进入现场之前，必须进行一次全员（包括外来人员）的安全检修安全教育，要组织职工学习有关安全生产的法律、法规、标准及规章制度，有针对性地对检修人员进行安全知识、安全意识和安全技能教育。对特殊工种人员，要进行专业安全技术和检修典型事故案例教育。对操作人员要组织学习停车、置换、清洗、试车、开车方案等。

(4) 进行安全交接

在设备检修前必须由生产单位与检修单位进行安全交接，生产单位为交方，检修单位为接方。在安全交接之前，生产单位按安全交接的条件，逐项解除各生产装置的危险因素，落实安全措施。这是大检修准备工作的重要环节，必须认真做好，这样才能为检修作业提供一个良好的安全条件。在交接双方确认无误后，由交接双方负责人签字认可。

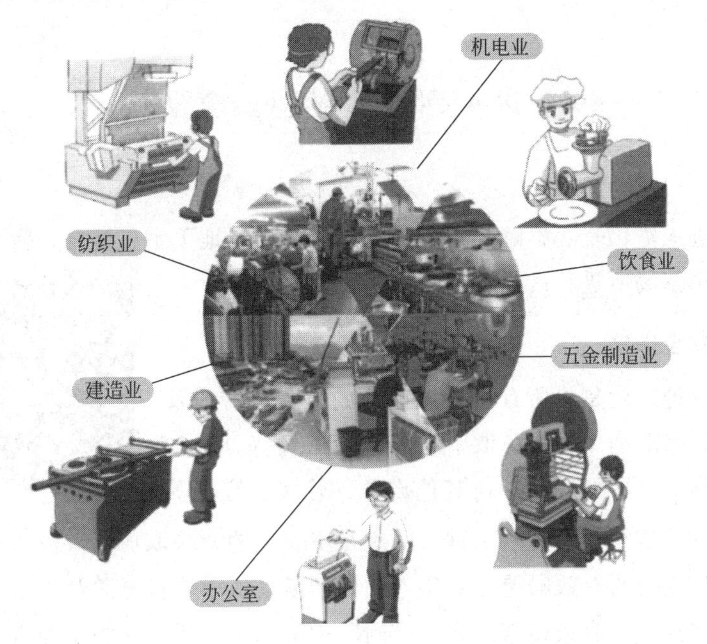

(5) 落实安全措施

a. 准备好设备、附件、材料和安全用具。根据检修项目、内容和要求，准备好检修所需要的材料、附件和设备。检修中所用的材料应按规格、种类摆放好，尤其是检修釜、炉、塔等所需的特殊材料应做到专材专用和专人负责，以免因混乱错用材料而影响检修质量，甚至为安全生产留下事故隐患；有登高作业之处要按安全规定搭好脚手架；安全带、安全帽、防毒面具，测氧、测爆、测毒等分析仪器，消防器材、设施都应该指定专人分别负责，仔细检查或检验，确保完好。

b. 认真检查、合理布置检修器具。不同的检修工种，如钳工、管工、电工、焊工、木工、瓦工、仪表工、塑料工、白铁工、起重工等，各有专用工具，既要善于使用，也要勤于检查，做到机具齐全、安全可靠。特别是施工机械、焊接设备、起重机具、电气设施、登高用具等，使用前都要周密检查，不合格的不准投入使用。

总之，班组员工检修前安全准备工作做得越细致、越周到，对检修安全越有利。班组长和全班组员工不要怕麻烦，不要图省事，要踏踏实实地准备，认认真真地检查，一步一步地进行。这样，检修安全就有了扎实的基础。

40. 进入受限空间作业安全要领

凡是进入塔、釜、槽罐、炉膛、锅筒、容器、地下室、地坑、窨井、下水道或其他闭塞场所进行的作业，均称为受限空间作业。

(1) 安全隔绝

安全隔绝，就是将所有与外界连通的设备、管道及传动电源，采取插入盲板、取下电源保险熔丝等办法和外界有效隔离，即彻底切断与其他设备、管线、容器等的连接。仅仅依靠关闭阀门来进行隔绝是不安全的，采取加堵盲板或拆卸一段管线才是最安全的有效隔绝。对于电源的切断，应采取将电源开关箱上锁或拔下熔丝，并挂上“有人检修，禁止合闸”的警示牌。所有这些，均应由专人负责监督检查，确认无误后才能准许进入受限空间作业。

(2) 清洗、置换

设备清洗、置换后，经过安全分析，必须达到以下要求：a. 其冲洗水溶液基本上呈中性。b. 设备内含氧量为18%～21%（体积分数）。c. 有毒气体浓度符合国家标准的规定。d. 可燃气体浓度符合国家标准的规定。

(3) 通风

为了保持罐内有足够的氧气，并防止焊割作业中高温蒸发的金属烟尘和有害气体积聚，必须将所有的烟门、风门、料孔、人孔等全部打开，加强自然通风，或采用机械通风。但不能通入氧气，否则一遇火种，就能使衣物等起火，并加剧燃烧，造成伤亡。

(4) 加强监测

在进罐作业前30min内和在罐内作业过程中应加强分析监测，尤其是在作业中发现异常时，要立即停止作业，马上撤离罐内作业人员，经处理和安全分析后，方可继续入罐作业。作业人员出罐时，应将焊割等用具及时带出，不要遗留在罐内，防止因焊割用具漏出氧气、乙炔等发生火灾、爆炸等事故。

(5) 防护用具和照明

正确佩戴个体防护用具（用品），是保证作业人员安全的最后一道防线。尤其是进入罐内作业，佩戴个体防护用具（用品）就更为重要。因此，在进入罐内作业前，必须采取相应的个人防护措施和使用安全电压的照明。

a. 在缺氧有毒的环境中，应戴隔离式防毒面具；特殊情况下，应规定在罐内停留时间，最好每半小时轮换一次作业。b. 在酸碱等腐蚀性介质污染环境中，应从头到脚穿戴耐腐蚀的头盔、手套、胶靴、毛巾、耐酸碱工作服等全身防护用品和防毒面具。c. 在易燃、易爆的环境中，应使用不产生火花的防爆工具，并采用低压防爆型灯具，照明灯电压应≤36V；在潮湿或通风不良的金属容器内作业，照明灯电压应≤12V。在潮湿的罐内动火焊割作业时，作业人员的脚下（身体下方）应铺垫橡胶板，并穿戴其他电气防护用具，最好在电焊机上安装漏电保护器等安全装置再进行作业。

(6) 罐外监护

罐内作业，必须有专人在罐外监护。监护人应由有工作经验、熟悉本岗位情况、懂得内部物质性能、懂急救知识和责任心强的人员担任。在进罐作业之前，监护人员应同具体进罐检修人员一道检查安全措施落实情况，并规定罐内外联系信号。当检修人员进入罐内后，监护人员就在孔口监视罐内人员情况。在设有气体防护站的企业，遇有特殊危险的罐内作业，可由气体防护站派人一起监护，通常指派1～2人；如险情重大，或罐内作业人员多，超出监护人员的监护范围，则应增设监护人员，并始终保持与罐内作业人员的联系。监护人员不得离开监护岗位，除向罐内作业人员递送工具、材料外，不得从事其他工作。发现罐内异常情况时，监护人员不得在毫无防护措施的情况下贸然入内。必须召集协助人员，佩戴空（氧）气呼吸器或可拉吊安全带，将罐内人员救出。

(7) 应急措施

由于罐内作业情况复杂，稍有疏忽，就可能导致各种事故的发生。为此，必须在作业前就做好相应的现场急救准备工作。对于直径较小、通道狭窄，一旦发生事故进入罐内抢救困难的作业，作业人员入罐前就应该系好安全带，做好应急准备。罐外至少应准备好一组急救防护用具，如隔离式防毒面具、消防器材、清水源等，以便应急使用。在检修作业条件发生变化，并可能危及检修人员安全时，必须立即撤出。若需继续进罐作业，必须重新办理进入设备内作业手续，否则不准进入。

41. 班组动土作业安全

动土作业是指挖土、打桩、地锚入土深度在0.5m以上，地面堆放负重 $50kgf/cm^2$（$1kgf/cm^2 \approx 9.8 \times 10^4 Pa$）以上，使用推土机、压路机等施工机械进行填土或平整场地的作业。动土作业安全要求如下。

① 动土作业必须办理《动土作业证》，提出动土地点、范围、深度等内容，经基建、设备等有关部门核对资料，查明地下情况，提出安全要求，然后由有关负责人审批。没有《动土作业证》不准动土作业。

② 动土作业前，项目负责人必须对施工人员进行安全教育，施工负责人对安全措施进行现场交底，并督促落实。

③ 动土作业施工现场应根据需要设置护栏、盖板和警告标志，夜间应悬挂红灯警示，施工结束后应及时回填土，并恢复地面设施。

④ 动土作业必须按《动土作业证》的内容进行，对审批手续不全、安全措施不落实的情况，施工人员有权拒绝作业。

⑤ 严禁涂改、转借《动土作业证》，不得擅自变更动土作业内容、扩大作业范围或转移作业地点。

⑥ 动土中如暴露出电缆、管线以及不能辨识的物品时，应立即停止作业，妥善加以保护，报告动土审批单位处理，采取措施后方可继续进行动土作业。

⑦ 动土临近地下隐蔽设施时，应轻轻挖掘，禁止使用铁棒、铁镐或抓斗等机械工具。

⑧ 挖掘坑、槽、井、沟等作业时，应遵守下列规定：

a. 挖掘土方应自上而下进行，不准采用挖地脚的办法挖掘，挖出的土石不准堵塞下水道和窨井。b. 在挖较深的坑、槽、井、沟时，严禁在土壁上挖洞攀登，作业时必须戴安全帽。坑、槽、井、沟上端边沿不准人员站立、行走。c. 要视土壤性质、湿度和挖掘深度设置安全边坡或固定支架。挖出的泥土堆放处和堆放的材料至少应距坑、槽、井、沟边沿 0.8m，高度不得超过 1.5m。对坑、槽、井、沟边坡或固定沟壁支撑架应随时检查，特别是雨雪后和解冻期间，如发现边坡有裂缝、疏松或支撑有折断、移位等异常危险征兆，应立即停止工作，并采取措施。d. 作业时注意对有毒有害物质的检测，保持通风良好。发现有毒有害气体，应采取措施后方可施工。e. 在坑、槽、井、沟边缘，不能安放机械、铺设轨道及通行车辆。如必须时，应采取有效的固定沟壁措施。f. 在拆除固定沟壁支撑时，应从下而上进行。更换支撑时，应先装新的，后拆旧的。g. 所有人员不准在坑、槽、井、沟内休息。h. 上下交叉作业应戴安全帽，多人同时挖土应相距 2m 以上，防止工具伤人。作业人员发现异常时，应立即撤离作业现场。i. 在化工危险场所动土时，应与有关操作人员建立联系，当化工生产突然排放有害物质时，化工操作人员应立即通知动土作业人员停止作业，迅速撤离现场。j. 作业前必须检查工具、现场支护是否牢固、完好，发现问题应立即处理。k. 动土作业涉及断路时，应按规定办理《断路安全作业证》。

总之，动土作业前，应检查工具、现场支撑是否牢固、完好，发现问题应及时处理。作业现场应根据需要设置护栏、盖板或警告标志，夜间应悬挂警示灯。在破土开挖前，应先做好地面和地下排水，防止地面水渗入作业层面造成塌方。动土作业应设专人监护。这样，就能确保安全。

42. 设备检修后的收尾工作

(1) 清理现场

检修完毕，检修工人首先要检查自己的工作有无遗漏并清理现场。具体工作如下：

a. 检修项目、测试项目、探伤项目等有无遗漏。b. 检查检修所用的盲板，应按“抽加盲板图”和编号如数抽回或加入。c. 清扫管线，应无任何物件（如未拆除的盲板或垫圈）阻塞。d. 更换拆卸下的曾生产或盛装有毒、有害或易燃、易爆物质的设备零件、管线等，应该清洗和分析合格后送入废料场。e. 检查设备的防护装置和安全设施，拆下的盖板、围栏扶手、避雷装置等应恢复原来状态。f. 清除设备上、房屋顶上、厂房内外地面上的杂物、垃圾。g. 检修所用的工器具、脚手架、临时电线、开关、临时用的警告标志等应清出现场。

(2) 试车

a. 试温。是指高温设备，如加热器、反应炉等，按工艺要求，升温至最高温度，检验其放热、耐火、保温的功能是否符合标准。

b. 试压。按有关规定和试压规程进行。

c. 试速。是指对传动设备（如搅拌器、离心机、鼓风机等）的检验，以规定的速度运转，观察其摩擦、振动等情况。试车前要检查零部件是否松动，装好护罩，先手动盘车，确认无疑后再试车。试车时切勿站立在转动部件的切线方向，以免零件或异物飞出伤人。

d. 试漏。检验常压设备、管线的连接部位是否紧密，可先用低于0.1MPa的空气（正负压均可）或蒸汽试漏，观察其是否漏水、漏气，或很快降压。然后再以液体原料等注入，循环运行，以防开车后的跑、冒、滴、漏。

e. 化工联动试车。应组织试车领导机构，制定方案，明确试车总负责人和分段指挥者。试车前应确认设备管线内已经清理彻底；人孔、料孔、检修孔都已盖严；仪表电源、安全装置都齐全有效才能试车。如要开动与外界有牵连的水、电、气，先要做好联系工作。试车中发现异常现象，应立即停车，查明原因，妥善处理后再继续试车。

（3）验收

大检修结束后，要按安全交接程序进行严格的，并有安全、机械动力等部门参加的验收交接。检修单位为交方，生产单位为接方。

a. 机械动力部门应对下列项目内容予以检查确认：计划检修项目不应有缺项或漏项。各类设备检修项目，在质量上达到检修标准。检修后的公用工程系统（水、电、气、汽）达到检修标准。检修后的仪表、仪表联锁以及工艺报警装置应准确无误。

b. 生产、技术、调度部门应对下列项目内容予以检查确认：对外管线盲板的拆除（加入）的确认。基建、措施留头项目、工程项目完成后的物料管线安装位置及投料开车前状态检查确认。公用工程系统按正常投运状态的检查确认。对各车间内部管线盲板的拆除（加入）的确认。对试车、系统开车程序的审查确认。

c. 安全防火部门应对下列项目内容予以检查确认：对安全措施项目的完成情况及安全操作规程的审查。检查在检修前各类不安全因素的整改及落实情况。对检修后仍有遗留的隐患进行检查分析，并对其安全防范措施审查确认。消防措施、安全装置的检查确认。

在上述程序完成后，交接双方及有关部门在交接书上签字。生产单位在开车前，要对操作工进行针对性安全教育，使他们弄清设备、管线、阀门、开关等在检修中所做变动的情况，以确保开车后的正常生产。化工投料开车，是整个设备检修的最后一关，必须精心组织、统筹安排，按开车程序进行。开车成功后，检修安全管理的程序和内容就全部结束，投料生产恢复正常，就转为生产安全管理。

43. 石油化工装置消防水系统的维护与使用

石油化工企业生产的特点是：高温、高压、易燃、易爆、易腐蚀、有毒、有害、操作控制难度大、精度要求高、工艺过程复杂。这类企业具有技术密集、资金密集的特征，一旦发生火灾、爆炸事故，往往造成极大的经济损失和

人员伤亡。

（1）消防栓、消防炮

石油化工装置由于其特殊的生产性质，发生火灾、爆炸事故后，具有影响范围广、爆炸危险性大、燃烧速度快、容易出现立体形式燃烧等特点。因此，及时扑灭或控制初起火灾，控制火灾蔓延，保护邻近设备极为重要。目前，各石油化工生产装置由于减员增效，车间班组人员数量少，在发生火灾、爆炸事故时，车间班组人员所做的重要工作就是及时发出警报，根据应急计划进行隔离、置换、停工等工艺处理。车间的义务消防队力量极为有限，他们既要进行现场人员急救，又要扑灭或控制初起火灾，难度很大。

因此，对石油化工装置生产区，尽可能多设置消防炮，少设置消防栓。因为，一只消防栓的使用需2～3个人，而一个人却能迅速使用4～5门消防炮。消防栓可布置在装置生产区周围，供消防车使用。另外，装置上再适量配置便携式消防炮，在发生火灾时，能集中力量进行火灾扑救。现场消防炮的控制最好采用远程控制，这样能最大限度减少人员伤害。在启用远程控制时，使用电动和气动两种控制方式，确保可靠投用。

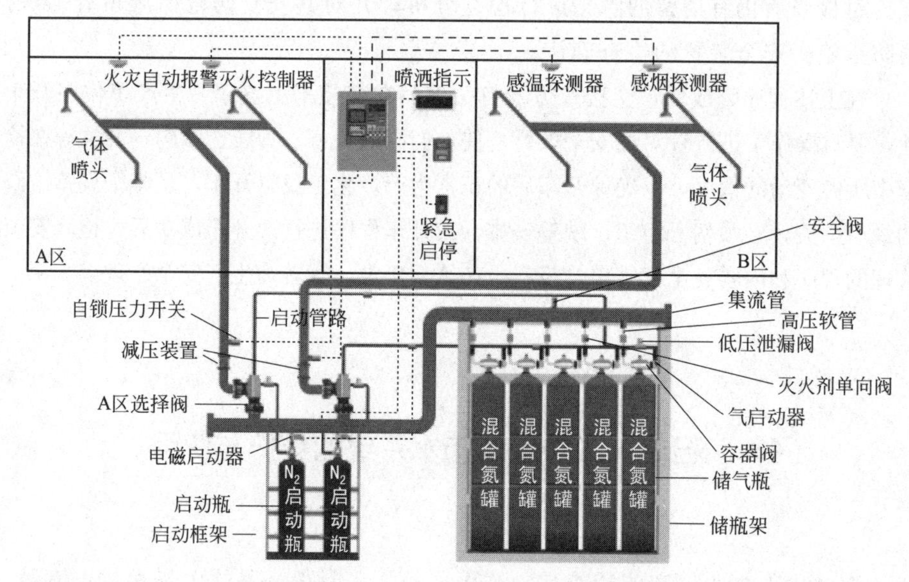

（2）地下管网

消防水系统的地下管网对石油化工装置而言，它延伸到整个厂区的每个角落，是最大的地下管网设施。消防水系统管网不仅在装置正常生产期间要起保护作用，而且在石油化工装置全面大修（面临大面积的动火作业）期间，同样起到保护作用。因此，消防水系统管网必须连续、长期处于应急备用状态。

在设计消防水系统地下管网时，应特别注意在管网干线及每一支线上，分段设置阀门，保证在管网的任意位置出现设施泄漏、损坏等情况时，能在最小影响管网运行的情况下进行隔离维修，避免为了维修一只消防栓而被迫停掉整个装置的消防水。在施工中，除对埋地管线做必需的防腐措施外，还要彻底清除管线中的杂物。在管线焊接时采取保护措施（如氩弧焊打底等），避免焊渣留在管线内。在管线埋地时避免砂子、石子进入管线。施工完毕，必须要做水压试验，彻底查漏。阀门最好选用优质的不锈钢阀门，这是保证长周期运行所必需的。避免焊渣和砂子、石头留在管线中，可避免卡住阀芯和磨损消防栓密封面。根据应急演练计划定期进行消防演练，以检查投用管网消防设施备用情况。检查确认消防泵备用状态良好，仪表控制系统、联锁系统、供电系统等正常。特别是管网末端的消防栓、消防炮，定期排放以清除管网中的淤泥。利用全厂大修将消防水池单独隔离出来进行清理，清除淤泥。对消防管网阀门井要定期查看，清除井中的杂物，并对阀门加注润滑油脂，确保阀门灵活好用。

(3) 水喷淋、水幕、泡沫站

在入冬前，对水喷淋、水幕进行最后一次试运行并确认无问题后，将气动（电动）控制阀关闭；将控制阀后的低点倒淋全部打开，将管线中的水全部放掉，并用空气将管线彻底吹扫干净、干燥；对于水幕系统每一条支线进行确认，防止因为水没吹扫干净会导致管线、喷嘴被冻结。对于水喷淋、水幕、泡沫站的阀室要做好防冻保温工作，注意检查暖气、照明、阀门润滑、现场标识、阀室卫生环境。对于通向阀室及其他消防设施道路上的积雪，要清理干净，地下井要做好标识，井口上的积雪要及时清除，防止被掩埋。

44. 生产现场安全阀的操作与维护

安全阀是启闭件受外力作用处于常闭状态，当设备或管道内的介质压力升高超过规定值时，通过向系统外排放介质来防止管道或设备内介质压力超过规定数值的特殊阀门。安全阀属于自动阀类，主要用于锅炉、压力容器和管道上，控制压力不超过规定值，对人身安全和设备运行起重要保护作用。安全阀必须经过压力试验和调校才能使用。

安全阀在系统中起安全保护作用。当系统压力超过规定值时，安全阀打开，将系统中的一部分气体（流体）排入大气（管道外），使系统压力不超过允许值，从而保证系统不因压力过高而发生事故。

(1) 安全阀的操作方法

① 开启压力的调整

a. 安全阀出厂前，应逐台调整其开启压力到用户要求的整定值。若用户提出弹簧工作压力级，则按一般压力等级的下限值调整出厂。

b. 使用者在将安全阀安装到被保护设备上之前，必须在安装现场重新进行调整，以确保安全阀的整定压力值符合要求。

c. 在铭牌注明的弹簧工作压力级范围内，通过旋转调整螺杆改变弹簧压缩量，即可对开启压力进行调节。

d. 在旋转调整螺杆之前，应使阀进口压力降低到开启压力的90%以下，以防止旋转调整螺杆时阀瓣被带动旋转，以致损伤密封面。

e. 为保证开启压力值准确，应使调整时的介质条件，如介质种类、温度等尽可能接近实际运行条件。介质种类改变，特别是当介质聚积态不同时（例如从液相变为气相），开启压力常有所变化。工作温度升高时，开启压力一般有所降低。故在常温下调整而用于高温时，常温下的整定压力值应略高于要求的开启压力值。高到什么程度与阀门结构和材质选用都有关系，应以制造厂的说明为根据。

f. 常规安全阀用于固定附加背压的场合，当在检验后调整开启压力时（此时背压为大气压），其整定值应为要求的开启压力值减去附加背压值。

② 排放和回座压力的调整

a. 调整阀门排放压力和回座压力，必须进行阀门达到全开启高度的动作试验，因此，只有在大容量的试验装置上或者在安全阀安装到被保护设备上之后才可能进行。其调整方法依阀门结构不同而不同。

b. 对于带反冲盘和阀座调节圈的结构，是利用阀座调节圈来进行调节。拧下调节圈固定螺钉，从露出的螺孔伸入一根细铁棍之类的工具，即可拨动调节圈上的轮齿，使调节圈左右转动。当使调节圈向左做逆时针方向旋转时，其位置升高，排放压力和回座压力都将有所降低。反之，当使调节圈向右做顺时针方向旋转时，其位置降低，排放压力和回座压力都将有所升高。每一次调整时，圈转动的幅度不宜过大（一般转动数齿即可）。每次调整后都应将固定螺钉拧上，使其端部位于调节圈两齿之间的凹槽内，既能防止调节圈转动，又不对调节圈产生径向压力。为了安全起见，在拨动调节圈之前，应使安全阀进口压力适当降低（一般应为开启压力的90%），以防止在调整时阀门突然开启，造成事故。

c. 对于具有上、下调节圈（导向套和阀座上各有一个调节圈）的结构，其调整要复杂一些。阀座调节圈用来改变阀瓣与调节圈之间通道的大小，从而改变阀门初始开启时在阀瓣与调节圈之间腔室内压力的大小。当升高阀座调节圈时，压力增大，从而使阀门比例开启的阶段减小而较快地达到突然的急速开启。因此，升高阀座调节圈能使排放压力有所降低。应当注意的是，阀座调节圈亦不可升高到过分接近阀瓣。那样，密封面处的泄漏就可能导致阀门过早地突然开启，但由于此时介质压力还不足以将阀瓣保持在开启位置，阀瓣随即又关闭，于是阀门发生频跳。

上调节圈用来改变流动介质在阀瓣下侧反射后折转的角度，从而改变流体作用力的大小，以此来调节回座压力。升高上调节圈时，折转角减小，流体作用力随之减小，从而使回座压力增高。反之，当降低上调节圈时，回座压力降低。当然，上调节圈在改变回座压力的同时，也影响到排放压力，即升高上调节圈使排放压力有所升高，降低上调节圈使排放压力有所降低，但其影响程度不如回座压力那样明显。

③ 安全阀铅封

安全阀调整完毕，应加以铅封，以防止随便改变已调整好的状况。当对安全阀进行整修时，在拆卸阀门之前应记下调整螺杆和调节圈的位置，以便于修整后的调整工作。重新调整后应再次加以铅封。

（2）安全阀的维护

① 安全阀要有防止重锤自行移动的装置和限制杠杆越轨的导架，弹簧式安全阀要有提升手把和防止随便拧动调整螺钉的装置。

② 安全阀应垂直安装在锅筒、集箱的最高位置。在安全阀和锅筒或集箱之间，不得装有取用蒸汽的出口管和阀门。

③ 安全阀与锅炉的连接管，其截面积应不小于安全阀的进口截面积。如

果几个安全阀共同装设在一根与锅筒直接相连的短管上，短管的通路截面积应不小于所有安全阀流通面积之和的1.25倍。

④ 对于额定蒸汽压力小于或等于3.82MPa的锅炉，安全阀喉径不应小于25mm；对于额定蒸汽压力大于3.82MPa的锅炉，安全阀喉径不应小于20mm。

⑤ 安全阀一般应装设排汽管，排汽管应直通安全地点，并有足够的截面积，保证排汽畅通。安全阀排汽管底部应装有接到安全地点的疏水管，在排汽管和疏水管上都不允许装设阀门。

⑥ 压力容器的安全阀最好直接装在压力容器本体的最高位置上。液化气体贮罐的安全阀必须装设在气相部位。一般可用短管与容器连接，则此安全阀短管的直径应不小于安全阀的阀径。

⑦ 安全阀与容器之间一般不得装设阀门，对易燃易爆或黏性介质的容器，为了安全阀的清洗或更换方便，可装设截止阀，该截止阀在正常操作时必须全开并加铅封，避免乱动。

⑧ 额定蒸发量大于0.5t/h的锅炉，至少装设两个安全阀；额定蒸发量小于或等于0.5t/h的锅炉，至少装一个安全阀。

⑨ 对易燃易爆或有毒介质的压力容器，安全阀排出的介质必须有安全装置和回收系统。杠杆式安全阀的安装必须保持铅垂位置，弹簧式安全阀也最好垂直安装，以免影响其动作。安装时还应注意配合、零件的同轴度和使各个螺栓均匀受力。

⑩ 安全阀的出口应无阻力，避免背压现象，若装设排泄管，其内径应大于安全阀的出口通径，安全阀排出口应注意防冻，对盛装易燃或有毒、剧毒介质的容器，排泄管应直通室外安全地点或有进行妥善处理的设施，排泄管不准装设任何阀门。

45. 低温作业对人体的影响及防护

什么是低温作业？目前还没有一个公认的明确的定义，但一般认为在10℃以下的环境中作业可称为低温作业，也就是说，凡在寒冷季节从事户外作业或室内有冷源设备而无采暖的低温条件下作业均可属于低温作业。

低温作业对机体的影响不单纯是环境气温低的问题，还取决于低温环境中人体防寒保暖程度、体力活动强度、饮食及健康状况等诸多情况，即低气温与其作用于人体状态间的相互关系——冷作用强度。有时工作环境气温虽低，但着装保暖充分，机体热代谢保持平衡，皮肤温度、体温不会出现下降，人体可无冷感；反之，虽然环境气温相对较高，但若个体防寒装具保暖不足，机体不能保持热量代谢的平衡，也会出现冷感。

（1）对机体的影响

a. 对皮肤温度的影响。受冷后首先是裸露的皮肤温度下降，随着时间的延长、强度的加大，皮肤温度逐渐降低，皮肤开始出现潮红，继而出现冷、胀、麻、痛等症状，以及皮肤感觉逐渐减弱，严重时可出现冻伤。

在常温下裸手皮肤温度一般为29～30℃。当手皮肤温度降到15.5℃时手操作功能受到影响；降至10～12℃时触觉敏感度明显下降；降到4～5℃时，几乎完全失去触（知）觉。一般裸手皮肤温度保持在20℃以上，手操作功能基本保持正常。

在冷环境中，服装覆盖部位平均皮肤温度（简称平均皮温）也会发生变动。人体正常平均皮温（胸、背、上肢、大腿四点）为33～34℃。如服装保暖不足，平均皮温会出现下降，降至32℃时，约有16%的人出现冷感；降至31℃时，约有26%的人出现冷感；降至29℃时，冷感出现率达77%；降至28℃时，100%的人感到冷（其中约50%的人感到很冷，出现寒颤）。

b. 对体温的影响。在冷环境中，体温的变化不如皮肤温度变化那样敏感，因为机体调节功能较强，不易出现较大波动。须知，一旦体温出现明显降低可能带来的不良影响要比皮肤温度下降严重得多。体温降至36℃，机体代谢反射性增强（产热量增加），这是人体保护性反应；体温降到35℃时，可出现明显寒颤，称为“体温过低”；降到34℃时，血压出现下降，意识受到影响；降到33℃时，呼吸频率、心率减小，血压下降，称为“重症低体温”；降到32～31℃时，血压测不到，意识不清，寒颤消失，瞳孔散大；降到30～29℃时，意识逐渐消失，肌肉僵直，脉搏、呼吸减弱、减少；降到28℃时可出现心室纤颤，生命垂危；降到20℃时心跳停止。

c. 冷过敏。冷可以引起过敏性荨麻疹，据国外一些调查资料，在肉加工厂冷库（－3℃）作业的工人冷过敏发生率为27%。冷过敏性荨麻疹多发生在受冷30min～4h。冷过敏性荨麻疹有先天性（遗传）和后天性之分。先天性的特点是皮肤表面没有膨疹，体温升高，白细胞增多并伴有关节痛；后天性的约占冷过敏性荨麻疹发病数的67％，一般是接触寒冷12min后发病，可能出现慢性膨疹，与先天性的不同，一般没有全身性症状。

（2）预防措施

冷藏作业（以及冬季户外作业）应穿着足够量的防寒服装，服装保暖量的多少以保证服装覆盖部位平均皮温不低于33℃为宜，或参考《劳动防护服防寒保暖要求》（GB/T 13459—2008），并保持服装干燥。对保暖薄弱环节，如手、脚、头、耳，要加强保暖，尽量减小裸露皮肤的面积，要保证这些部位的皮温不低于20℃。在低温环境中，风速能增加冷作用强度，如在7℃环境中，2～3m/s的风速，相当于气温下降3～4℃，可使服装保暖量降低11％～12％。因此，防寒服的尺寸也很重要，既不可束缚过紧，也不可过于宽松，束缚过紧影响末梢血液循环，能增加冷影响或冷损伤的机会；过于宽松会影响保暖量。

冬季从事户外作业时尚须防止过度疲劳和过度饮酒，以防发生事故。在没有特殊的防护下，不可在湿冷环境中睡眠。饮食要富含脂肪、蛋白质和维生素B。食物中蛋白质不足，可使机体对冷的受力减弱。在冷环境中作业结束后，进行温水浴有助于迅速减小与消除寒冷的影响，低温作业（冷藏）车间应设有服装烘干室和温水浴室。在评价冷影响时，不可单以环境温度值高低作为唯一的指标，而应以冷作用强度为依据并采取综合措施，这是冷作业人员健康、安全和高效工作的有力保障。

46. 冲压机械伤害的预防

（1）产生伤害的原因

在压力加工过程中造成物体打击伤害的因素有以下几种：

a. 因使用不当或结构不合理造成应力集中，最后导致模具损坏，模具碎块飞出。b. 模块本身缺陷，如表面裂纹，疲劳裂纹，硬度太大等，造成模具碎块飞出。c. 模具、工具材料选用不当，造成模具、工具局部破损飞出、弹出。d. 模具与设备不匹配，模具变形、损坏，碎块飞出。e. 间隙没及时调整，工具撕裂，碎块弹出。

（2）预防措施

根据上述分析可知，物体打击是模具、工具的整体或局部损坏，造成碎块飞出或弹出引起的，预防的重点也在此。压力加工所用的模具、工具材料大多是合金钢、碳素工具钢和硬质合金，它们都有一个共同的特点，强度、硬度较高，塑性、韧性相对较低。根据多年的经验，笔者认为从改进工艺方法入手，寻找预防措施，效果较好，方法也简单易行，且节约成本。

a. 预热法——从提高工、模具内在性能出发提高塑性。对使用一段时间后的模具、工具，定期进行预热处理，预热温度控制在金属的相变温度以下，这样对强度影响不大，但可消除应力集中，提高塑性，一般温度控制在300～400℃，然后用肉眼或探伤的方法进行表面检查，消除有关缺陷。寒冷季节（室温低于10℃）每天开工前用200～300℃的温度预热模具、工具、锤头、滑块，减小变形抗力，增强其塑性。热加工用模具、工具的冷却要注意冷却水的温度不要太低，不要采用急冷，一般要保证冷却水的温度高于50℃。

b. 结构优化法——从优化工具几何结构出发减小应力集中。注意“三心并一心”。工件的受力中心、模具的几何中心和冲压机的压力中心“三心合一”，这样可以避免因偏心造成的应力集中而损坏模具。上模面对操作者的一面尽量做成斜面，不但可增加操作空间，而且可减小因频繁使用，模具棱角在应力的作用下变形、损坏从而弹出的概率。对于冲裁加工要保证凸模的硬度略小于凹模约5HRC（硬度值）；冲裁直径小于2mm的细小孔时，冲头的导向套要尽量长，连续冲裁时第一个孔要避免单边或不对称，目的都是为了减小凸模损坏弹出的风险。模具的卸料板和上、下模之间要尽量密闭，特别是靠近操作者的一面。挤压加工能量很大，挤压模具的入口角对单位挤压力影响很大，当入口角为40°～60°时，变形抗力最小，对提高安全性能很有帮助。

c. 合理选材法。大型金属模具中铸造组织缺陷（偏析、夹杂、疏松等）要尽量少，要想法消除，镶块模的外模要尽量用锻压模块。受力较大的金属模具在开型腔时要注意金属的流线方向，使拉应力的方向尽量和流线一致。对挤压加工来讲，要根据挤压模具所能承受的单位压力，来确定允许的变形程度，当总变形程度超过此值时，要把挤压分成多道工序，以免因单位挤压力超过模具所承受的限度而损坏模具。压力加工所用的操作工具其选材很有讲究，一般操作工具的选材都选比较软的低碳钢或铝合金，这样可以避免因操作工具使用不当造成的伤害。

d. 设备匹配法。要根据所要完成的工艺、批量、工件的几何尺寸和精度等级选取设备的类型。从安全的角度考虑，一般开式压力机（C型床身）没有闭式压力机好，机械压力机没有液压机好，自由锻锤没有模锻锤好。当然还要根据现场的实际情况来定，不可一概而论。

总之，任何事故的发生都离不开人的不安全行为、物的不安全状态。作为危险性较大的冲压设备，机械伤害事故的发生也不例外。为此，从冲压设备机械伤害事故的案例入手，具体分析形成事故的原因并提出预防事故发生的有效措施，这样，才能保证班组现场作业的安全。

47. 机械制造职业危害因素及防护对策

(1) 铸造

铸造可分为手工和机械造型两大类。手工造型是指用手工完成紧砂、起模、修整及合箱等主要操作的过程，劳动强度大，劳动者直接接触粉尘、化学毒物和物理因素，职业危害大；机械造型生产率高，质量稳定，劳动强度低，劳动者接触粉尘、化学毒物和物理因素的机会少，职业危害相对较小。

① 粉尘危害。造型、铸件落砂与清理时产生大量的砂尘，其中粉尘性质

及危害性大小主要取决于型砂的种类，如选用石英砂造型，因游离二氧化硅含量高，其危害最大。

② 毒物与物理因素危害。砂型与砂芯的煤烘干、熔炼、浇注产生高温与热辐射；采用煤或煤气作燃料会产生一氧化碳、二氧化硫和氮氧化物等；采用高频感应炉或微波炉加热时则存在高频电磁场和微波辐射。

(2) 锻压

① 物理因素危害。噪声是锻压工序中危害最大的职业病危害因素。锻锤（空气锤和压力锤）可产生强烈噪声和振动，一般为脉冲式噪声，其强度多为100dB（A）以上。加热炉温度高达1200℃，锻件温度也在500～800℃，在生产过程中可使工作场所产生高温与强热辐射。

② 粉尘与毒物危害。锻造炉、锻锤工序中加料、出炉、锻造过程可产生金属粉尘、煤尘等，尤以燃料工业窑炉污染较为严重。燃烧锻炉可产生一氧化碳、二氧化硫、氮氧化物等有害气体。

(3) 热处理

热处理工艺主要是使金属零件在不改变外形的条件下，改变金属的性质（硬度、韧度、弹性、导电性等），达到工艺上所要求的性能，从而提高产品质量。热处理包括正火、淬火、退火、回火和渗碳等基本过程。热处理一般可分普通热处理、表面热处理（包括表面淬火和化学热处理）和特殊热处理等。

① 有毒气体。机械零件的正火、退火、渗碳、淬火等热处理工序要用品种繁多的辅助材料，如酸、碱、金属盐等。这些辅料都是具有强烈腐蚀性和毒性的物质。如氯化钡作加热介质，工艺温度达1300℃时，氯化钡大量蒸发，产生氯化钡烟尘污染车间空气；氯化工艺过程中有大量氨气排放于车间空气中；在渗碳、氰化等工艺过程使用氰化盐（亚铁氰化钾等）；盐浴炉中熔融的硝盐与工件的油污作用产生氮氧化物。此外，热处理过程经常使用甲醇、乙醇、丙烷、丙酮及汽油等有机溶剂。

② 物理因素危害。机械零件的正火、退火、渗碳、淬火等热处理工序都是在高温下进行的，车间内各种加热炉、盐浴槽和被加热的工件都是热源。这些热源可造成高温与强热辐射的工作环境。各种电机、风机、工业泵和机械运转设备均可产生噪声与振动。但多数热处理车间噪声强度不大，噪声超标现象较少见。

(4) 机械加工

利用各种机床对金属零件进行车、刨、钻、磨、铣等冷加工。在机械制造过程中，通常是通过铸、锻、焊、冲压等方法制造成金属零件的毛坯，然后再通过切削加工制成合格零件，最后装配成成品。

① 一般机械加工。在生产过程中存在的职业危害相对较小，主要是金属切削中使用的乳化液和切削对工人的影响。通常所用的乳化液是由矿物油、萘酸或油酸及碱（苛性钠）等所组成的乳剂。因机床高速运转，乳化液四溅，易污染皮肤，可引起毛囊炎或粉刺等皮肤病。机械加工过程中，在粗磨和精磨过程中，也有大量金属和矿物性粉尘产生。人造磨石多以金刚砂（三氧化二铝晶体）为主，其中二氧化硅含量极少，而天然磨石含有大量游离二氧化硅，故可能导致硅沉着病。绝大多数机床产生的机械噪声在65～80dB（A），噪声超标现象较少见。

② 特种机械加工。特种机械加工的职业危害因素与加工工具有关，如电焊加工的金属烟尘；激光加工的高温和紫外辐射等；离子束加工存在金属烟尘、紫外辐射和高频电磁辐射等，如果使用钨电极则还有电离辐射危害；电解加工、液体喷射加工和超声波加工危害相对较小。此外，设备运转还产生噪声与振动。

(5) 机械装配

简单的机械装配工序职业危害因素很少，危害基本同一般机械加工。复杂的装配生产过程中存在的职业危害因素则主要与特殊装配工艺有关，如需使用各类电焊，则存在电焊职业病危害问题；如需使用胶黏剂，则存在胶黏剂（化学气体）的职业病危害问题；如需使用涂装工艺，则存在涂装工艺的职业病危害问题。

(6) 防护措施

机械制造业职业病危害主要集中在铸造生产过程中的矽尘危害、涂装生产过程中的苯及同系物等有机溶剂危害和电焊作业中的电焊（烟）尘危害，为此，机械制造工人的职业病危害防护问题在于：

① 合理布局。在车间布局上，要考虑减少职业病危害交叉污染问题，如铸造工序中的熔炼炉应放在室外或远离人员集中的公共场所；铆工和电焊、（涂）喷漆工序应分开布置。

② 防尘。铸造应尽量选用低游离二氧化硅含量的型砂，并减少手工造型和清砂作业。清砂是铸造生产中粉尘浓度最高的岗位，应予重点防护，如安装大功率的通风除尘系统，实行喷雾状水湿式作业，以降低工作场所空气中粉尘浓度。并做好个人防护，佩戴符合国家相关标准的防尘口罩。

③ 防毒及应急救援。对热处理和金属熔炼过程中有可能产生化学毒物的设备应采取密闭措施或安装局部通风排毒装置。对产生高浓度一氧化碳、氰化氢、甲醛和苯等剧毒气体的工作场所，如某些特殊的淬火、涂装和使用胶黏剂岗位，应制定急性职业中毒事故应急救援预案，设置警示标识，配备防毒面具或防毒口罩等。

④ 噪声控制。噪声是机械制造工业中的重要职业病危害之一。噪声控制主要包括对铸造、锻造中的气锤、空压机，机械加工的打磨、抛光、冲压、剪板、切割等高强度噪声设备的治理。对高强度噪声源可集中布置，并设置隔声屏蔽。空气动力性噪声源应在进气或排气口进行消声处理。对集控室和岗位操作室应采取隔声和吸声处理。进入噪声强度超过 85dB（A）的工作场所应佩戴防噪声耳塞或耳罩。

⑤ 振动控制。振动是机械制造工业中较为常见的职业病危害因素。对铆接设备、锻压机、型砂捣固机、落砂设备、清砂设备等应采取减振措施或实行轮换操作，或加装消声设备。

⑥ 射频防护。应选择合适的屏蔽防护材料，对产生高频、微波等射频辐射的设备进行屏蔽或进行隔离防护和时间防护。

⑦ 防暑降温。应做好铸造、锻造、热处理等高温作业人员的夏季高温防暑降温工作。宜采取工程技术、卫生保健和劳动组织管理多方面的综合措施，如合理布置热源、供应清凉含盐饮料、轮换作业、对集控室和操作室设置空调等。

48. 防止电气误操作方法

电气误操作事故是人在电气设备倒闸操作过程中发生的一种事故。电气误操作可以造成人身伤亡、电网瓦解和设备损坏等严重后果，所以制定了操作票制度以及实施规定，同时要装防误闭锁装置，从而减少了误操作事故的发生。

(1) 根据电气倒闸操作原则和特点，确定发生误操作事故的危险点

在电气倒闸操作中会出现两种情况，一是操作中出现错漏，操作不能继续，这种情况应及时找出原因，修正错漏，进而完成操作任务；二是操作中即使出现错漏仍然继续操作下去，但事故立即发生。第二种情况是极为危险的，是防范的重点。发生操作的错漏就是误操作事故的“前奏”，是发生事故的危险点，必须要避开和控制，以达到防止发生电气误操作事故的目的。

(2) 准确填写操作票是正常操作中控制危险点的有效措施

电气倒闸操作票，使用书面形式明确操作任务、项目和顺序，是防止在正常操作中发生事故的一项有效措施。使用操作票的实践证明，许多误操作事故是从错误填写操作票开始的，错误的操作票填写导致了错误的行为，后果严重时则发生事故。要正确填写操作票，必须严格执行操作票制度，把住发接令、填票和审票三道关，而难度最大的是填票关。为了准确填写操作票，在规范了各种电气操作的基础上，有的运行单位使用计算机打印操作票，有的制定出典型的操作票样式供填写操作票时参考。准确填写操作票，一是不能写错；二是该写的必须写上；三是不该写的绝不写上。

事故处理时的操作是不用操作票的。这就要求运行人员熟练掌握操作原则，经常进行事故预想和事故演习。当发生事故时在无操作票的情况下仍然有条不紊地进行操作，迅速正确处理所发生的事故。

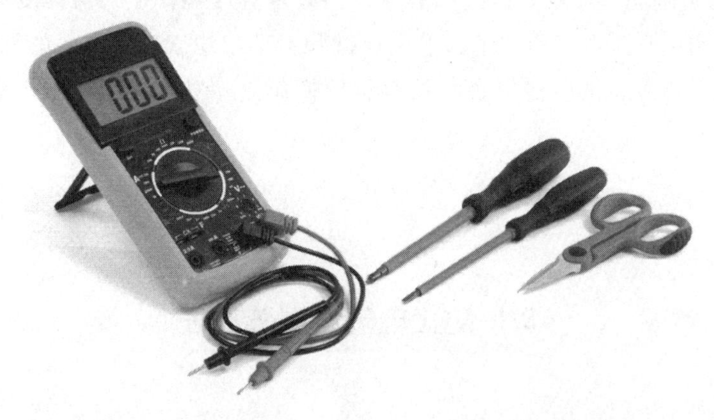

(3) 加强对操作行为的监督是防止误操作事故的重要措施

许多误操作事故不是由于操作票有错误，而是由于操作行为本身有错误。

在特定的条件、环境下发生的行为错误包括两个方面：一是直接危及人身安全的行为，如装拆接地线和验电时不戴绝缘手套；使用验电器前不进行试验，确保良好；接地线缠绕在有油漆的接地端等。二是与电气误操作有关的违章行为。

有些操作人员对不携带操作票到操作地点或操作一项不立即做“√”记号等错误行为不以为然，因此造成误操作或漏操作的严重后果。操作时，有些操作人员没有严格执行监护、复诵制度的规定，因此当错发、错听命令，走错设备间隔或看错名称编号，操作动作错误时无法发现和纠正，直接引发误操作事故，对这些错误行为必须采取加强监督和管理的方法予以纠正。

（4）加强防误闭锁装置的管理

防误闭锁装置是防误操作的一种技术措施，当发生误操作时，装置的“闭锁”功能使操作不能继续下去，保证误操作事故不会发生，由于防误闭锁装置的功能不断完善和可行性不断提高，已经得到了广泛使用。为了保证防误闭锁装置可靠运行，应高度重视装置的运行、维修等工作。同时，解除装置的闭锁功能是一项严肃慎重的特殊操作，应有“解锁”的具体规定和做法，严防因错误解除闭锁功能而发生误操作事故。

总之，加强安全思想教育，提高职工安全责任心；推行标准化、规范化、程序化操作；加强技术培训，提高人员素质；完善防误闭锁装置，加强管理；实施监护到位，严把现场质量关；做好政治思想工作，解除职工后顾之忧；严格执行安全生产奖罚制度；推广应用新设备、新技术等是班组防止电气误操作的要领。

49. 油断路器爆炸的预防

高压断路器经历了压缩空气断路器、多油断路器、少油断路器到真空断路器（或六氟化硫断路器）的发展过程。在输配电网络中，断路器作为开断和接通电源的主要设备，当线路或设备发生短路故障时，能迅速准确地切断电源，并能在最短的时间内熄灭电弧。下面就对运行中的油断路器可能发生爆炸的主要原因和预防措施做一些阐述。

(1) 爆炸的原因

a. 试验及调整方面的原因

没有定期检验:《电气设备预防性试验规程》规定，油断路器必须每年进行一次预防性试验。油断路器在频繁操作之后，可能引起本体或操作机构变位，使断路器合闸或跳闸速度变慢，增加燃弧时间，使断路器的灭弧性能降低。当线路发生近距离短路故障（短路电流较大）时，由于大电流的冲击，断路器在跳、合闸时无法完全灭弧就会导致油断路器爆炸。

出厂时没有进行异相接地短路试验:在我国，60kV 及以下的电力网都采用不直接接地系统。所谓异相接地短路，指的是在中性点不直接接地系统中，发生在相异两相，且一个接地点在一相断路器的内侧，而另一个接地点在另一相断路器外侧的两点接地所构成的短路故障。断路器承受的这种开断叫异相接地短路开断。异相接地短路开断后的工频恢复电压是相电压的 1.732 倍，因此对断路器灭弧室的介质恢复强度要求较高，否则将会增大电弧电流过零开断后的击穿相重燃的概率，可能导致开断的失败直至引起断路器发生爆炸。

调整不当:工作人员的粗心和试验仪器的不完善，都会使油断路器在跳、合闸时间和速度的调整上发生误差，或者灭弧室喷口距离、静动触头距离等关键部位的调整不符合要求，致使断路器在大电流冲击下发生爆炸。

b. 运行方面的原因

运行电压过高:110kV 变电所都有无功补偿装置，当下半夜负荷较低时，由于没有及时地退出部分电容器组，使区域电网系统电压升高，若同时在系统中的某一部分发生短路故障，流过断路器的电流值极大，并且系统的电压较高，这时保护动作分闸，对断路器灭弧室介质恢复强度要求较高，就有可能导致断路器不能在瞬间内熄灭电弧而发生爆炸。

绝缘油炭化:一般地，油断路器允许经过跳闸规定的次数后再进行检修（如 DW5 型油断路器允许跳闸 8 次），运行人员往往根据此规定来判定是否该检修换油。但是，在实际中往往由于油断路器在短时间内连续多次跳闸，使用过程中动静触头的磨损、动静触头距离的变动、压缩行程的不足等，造成油断路器在线路故障时跳、合闸，导致绝缘油炭化严重，易使油断路器爆炸。另外，由于油箱体内部受潮等原因，也会使绝缘性能降低而导致油断路器在动作时爆炸。

绝缘油不足:由于油箱本身焊接工艺不良或断路器检修后连接处密封不严

等原因引起渗漏、漏油，使油断路器内部因缺油而无法灭弧。如果运行人员未及时发现，一旦油断路器动作，必定引起爆炸。

（2）预防措施

a. 对设备进行定期的预防性试验。b. 要求生产厂家对断路器进行异相接地短路试验，并提供相应的试验数据。c. 变电所应装设电容器组自动投切装置。d. 制订大修计划，包括试验仪器也要定期检验。e. 要注意技术参数的调整，使之符合规程要求。f. 加强设备的巡视，及时发现设备存在的问题，力争做到把事故消灭在萌芽状态。

50. 电焊工的职业危害与预防

（1）电焊作业中的主要危害

a. 金属烟尘的危害。电焊烟尘的成分因使用焊条的不同而有所不同。焊条由焊芯和药皮组成。焊芯除含有大量的铁外，还有碳、锰、硅、铬、镍、硫和磷等；药皮主要由大理石、萤石、金红石、纯碱、水、玻璃、锰铁等制成。焊接时，电弧放电产生4000～6000℃高温，在熔化焊条和焊件的同时，产生了大量的烟尘，其成分主要为氧化铁、氧化锰、二氧化硅、硅酸盐等，烟尘粒弥漫于作业环境中，极易被吸入肺内。长期吸入则会造成肺组织纤维性病变，即称为电焊工尘肺（现称为肺尘埃沉着病），而且常伴随锰中毒、氟中毒和金属烟尘热等并发病。患者主要表现为胸闷、胸痛、气短、全身无力等症状，肺功能也会有一定程度的损伤。

b. 有毒气体的危害。在焊接所产生的高温和强磁场作用下，电焊弧周围会产生大量的有毒气体，如臭氧、一氧化碳、氮氧化物等。

臭氧为无色、有特殊的刺激性气味的有害气体，对呼吸道黏膜及肺有强烈的刺激作用。短时间吸入低浓度（$0.4mg/m^3$）的臭氧时，可引起咳嗽、咽喉干燥、胸闷、食欲减退、疲劳无力等症状；长期吸入低浓度臭氧时，则可引发支气管炎、肺气肿、肺硬化等。一氧化碳为无色、无味、无刺激性气体，极易与人体中运输氧的血红蛋白相结合，而且极难分离，因而，当大量的血红蛋白与一氧化碳结合以后，氧便失去了与血红蛋白结合的机会，使人体输送和利用氧的功能发生障碍，造成人体组织因缺氧而坏死。氮氧化物是有刺激性气味的有毒气体，常接触到的氮氧化物主要是二氧化氮，为红褐色气体，有特殊臭味，当被人吸入时，经过上呼吸道进入肺泡内，逐渐与水起作用，形成硝酸及亚硝酸，对肺组织产生剧烈的刺激与腐蚀作用，引起肺水肿。

c. 电弧光辐射的危害。焊接产生的电弧光主要包括红外线、可见光和紫外线。其中紫外线主要通过光化学作用对人体产生危害，它损伤眼睛及裸露的皮肤，引起眼角膜、结膜炎（电光性眼炎）和皮肤红斑症。主要表现为眼痛、畏光、流泪、眼睑红肿痉挛；受紫外线照射后皮肤可出现界限明显的水肿性红斑，严重时可出现水泡、渗出液和浮肿，并有明显的烧灼感。

(2) 电焊作业职业危害的防护

a. 提高焊接技术，改进焊接工艺和材料。通过提高焊接技术，使焊接操作实现机械化、自动化，人与焊接环境相隔离，从根本上消除电焊作业对人体的危害。通过改进焊接工艺，如合理设计焊接容器的结构，采用单面焊、双面成型新工艺，避免在通风极差的容器内进行焊接，从而大大地改善焊工的作业条件；再如选用具有电焊烟尘离子荷电就地抑制技术的 CO_2 气体保护电焊工艺，可使80%～90%的电焊烟尘被抑制在工作表面，实现就地净化烟尘，减少电焊烟尘污染。由于电焊产生的危害大多与焊条药皮的成分有关，所以通过改进焊条材料，选择无毒或低毒的电焊条，也是降低焊接危害的有效措施之一。

b. 改善作业场所的通风状况。通风方式可分为自然通风和机械通风，其中机械通风换气的除尘、排毒效果较好，因而在自然通风较差的室内、封闭的容器内进行焊接时，必须有机械通风措施。

c. 加强个人防护措施。加强个人防护，可以防止焊接时产生的有毒气体和粉尘的危害。作业人员必须使用相应的防护眼镜、面罩、口罩、手套，穿白色防护服、绝缘鞋，绝不能穿短袖或卷起袖子。若在通风条件差的封闭容器内工作，还要佩戴使用有送风性能的防护头盔。

d. 强化劳动保护宣传教育及现场跟踪监测工作。对电焊作业人员应进行必要的职业健康安全知识教育，提高其自我防范意识，降低职业病的发病率。

同时，还应加强电焊作业产生的尘毒危害的监测工作以及电焊工的体检工作，及时发现和解决问题。

51. 噪声污染及防治

（1）企业噪声的来源和特点

企业噪声的来源非常广，有由于气体压力突变产生的气流噪声，如压缩空气、高压蒸汽放空等；有由于机械的摩擦、振动、撞击或高速旋转产生的机械性噪声，如球磨机、空气锤、原油泵、粉碎机、机械性传送带等；有由于磁场交变、脉动引起电器件振动而产生的电磁噪声，如变压器。

（2）噪声对人的危害

a. 对听觉的影响

暂时性听觉位移：听觉位移就是听觉上的一种幻觉，声音在时间及空间上的不确定性，有时表现为声音滞后，分为暂时性听觉位移和永久性听觉位移，属于听觉系统功能性改变。发生暂时性听觉位移的人脱离噪声影响一段时间后，听力一般可以恢复。但是，如果长期接触噪声且没有任何防护措施的话，就容易发生永久性听觉位移。

噪声聋：噪声聋是在永久性听力位移的基础上发展而成的，其特点是双耳对称性发生。噪声聋的发病与长期接触噪声的强度、频率，工龄、年龄，有无伴随振动，是否缺氧等因素有关。噪声聋首先表现在高频范围，听力损失范围一般是在4000Hz左右。随着工龄的增加，这种听力损失范围将会逐渐延伸到3000～6000Hz的范围。由于语言频率一般在500～1000Hz之间，因此，这时人们在主观上还没有感到听力降低。听力损失一旦达到听话困难，这时实际已到了中度噪声性耳聋了。一般认为，听力损失在10dB以内，尚认为是正常的；听力损失在30dB以内，称为轻度性耳聋；听力损失在60dB以上者，称为噪声性耳聋；听力损失为80dB时，就是在耳边大喊也听不到了。

b. 对神经、消化、心血管系统的影响

噪声可引起头痛、头晕、记忆力减退、睡眠障碍等神经衰弱综合征。

噪声可引起心率加快或减慢，血压升高或降低等改变。

噪声可引起食欲不振、腹胀等胃肠功能紊乱。

噪声可对视力、血糖产生影响。

（3）噪声的控制

评价噪声的指标有：频率、声压级、声压、声强、声强级、声功率、声功率级。噪声对人体的危害主要以声压级来衡量，但人耳对声音的敏感程度又与频率有关。通常评价噪声对人的心理和生理方面的影响。噪声评价需要以人的主观感觉为准，即噪声主观评价。噪声对人的心理和生理的影响是非常复杂的，甚至有时噪声的客观量不能正确反映人对噪声的主观感觉，而且因人而异。因而人们需要能正确反映主观感觉的评价量，并把这些主观评价量同噪声的客观物理量建立起联系，这是噪声主观评价的主要任务。其主要评价量有响度、响度级、A声级、等效连续A声级、噪声比等。事实上，噪声对心脏的危害远超过对听力的危害，所以，噪声的频谱特性尤其重要。对于严重的特殊频谱的噪声不是限制降低，而是应该严格禁止。

在我国目前的经济条件下，要达到预防和控制Ⅱ级以上噪声性耳聋的目标，应采用两级预防措施。

a. 一级预防。一级预防主要是改进工艺，改造机械结构，提高精密度。对室内噪声，可采用多孔吸声材料（玻璃纤维、矿渣棉、毛毡、甘蔗纤维、木丝板、聚氨基甲酸酯泡沫塑料、膨胀珍珠岩、微孔吸声砖）进行吸声，如使用得当可降低噪声5～10dB。装置中心控制室采用双层玻璃隔声，加大压缩机机座重量，对机泵、电机等设备设计消声罩。另外，用橡胶等软质材料制成垫片或利用弹簧部件垫在设备下面以减振，也能收到降低噪声的效果。同时，也要研制、推广舒适的新型个人防护用品，如耳塞、耳罩、防噪声头盔。实行噪声作业与非噪声作业轮换制度。

b. 二级预防。二级预防就是对接触噪声的作业人员定期进行听力检查，《工业企业噪声卫生标准》规定：接触 90～100dB 噪声的工人每两年进行一次听力检查，接触大于 100dB 噪声的工人每年检查一次。

此外，职工还应加强自我保护意识。吸烟对心肺的危害众所周知，但在噪声中吸烟易致耳聋却鲜为人知。现代医学研究表明，人体接收的声音是通过听觉神经将声感传到大脑的，这种传递必须消耗足够的氧，且耗氧量与音量成正比。烟雾中的有害物质使人体血液中含有 CO 成分，使血氧相对减少，而噪声强迫人们做出的超高音量的声感传导，必须耗损更多的氧。氧气入不敷出，听觉神经细胞缺氧，引起部分细胞坏死，久而久之，会造成永久性听力损伤。

52. 焊接作业过程中的防火、防爆

金属焊接、切割作业时，要使用高温、明火，且经常与可燃、易爆物质及压力容器接触。因此，在焊接操作中存在着发生火灾或爆炸的危险性。

(1) 燃烧和爆炸的基本知识

a. 燃烧的必要条件。燃烧是物质与氧化物之间的放热反应，通常会同时释放出火焰、可见光和烟雾。可燃物与氧气或空气进行快速放热和发光的氧化反应，并以火焰的形式出现。在燃烧过程中，燃料、氧气和燃烧产物三者之间进行着动量、热量和质量传递，形成火焰这种有多组分浓度梯度和不等温两相流动的复杂结构。火焰内部的这些传递借层流分子转移或湍流微团转移来实现，工业燃烧装置中则以湍流微团转移为主。

b. 爆炸。爆炸是指一种或一种以上的物质在极短时间内（一定空间）急速燃烧，短时间内聚集大量的热，使气体体积迅速膨胀，并产生巨大声响。爆炸是一种极为迅速的物理或化学的能量释放过程。在此过程中，空间内的物质以极快的速度把其内部所含有的能量释放出来，转变成机械功、光和热等能量形态。所以一旦失控，发生爆炸事故，就会产生巨大的破坏作用。爆炸产生破坏作用的根本原因是构成爆炸的系统内存有高压气体或在爆炸瞬间生成高温高压气体。爆炸系统和周围的介质之间发生急剧的压力突变是爆炸的最重要特

征，这种压力差的急剧变化是产生爆炸破坏作用的直接原因。爆炸是某一物质系统在发生迅速的物理变化或化学反应时，系统本身的能量借助于气体的急剧膨胀而转化为对周围介质做机械功，通常同时伴随有强烈放热、发光和声响的效应。

（2）焊接防火、防爆与灭火措施

a. 焊接防火、防爆措施。燃烧和化学性爆炸实质主要是氧化反应，两者关系是很密切的。由于发生火灾后引起爆炸，或者由于发生爆炸引起火灾，因此，对焊接防火、防爆措施要引起高度重视。

作业现场须加强安全检查。焊工进入工作现场后，首先必须检查操作现场和作业点下方不得存有易燃、易爆物和杂物。必须将焊接点周围10m内的易燃、易爆物排除或采取可靠的隔离措施后，方可进行操作。焊接现场必须配备足够数量的灭火器材。焊接操作使用的电气设备不得有漏电现象，气瓶及气焊设备不得有漏气现象。若发现有漏电、漏气，产生火花，闻到焦煳味等非正常现象，应立即停止操作，关掉电源、气源，进行检查，排除隐患。应正确使用工器具。电焊机电源线、闸盒要可靠绝缘，焊机外壳要有可靠的保护接地（零），一次导线、二次电缆要有足够的截面积，严禁超过安全电流负荷量，闸盒要安装符合标准要求的保险装置，严禁用铜丝或铁丝代替熔丝。使用气瓶时，要严格遵守《气瓶安全技术规程》（TSG 23—2021）。严禁抛掷或剧烈滚动气瓶。气瓶不得安放在可能产生火星的电源线下方或热力管道上方。气瓶不得安放在电焊操作的工作平台上，以防带电。氧气瓶与乙炔瓶间隔距离不得小于5m，距离明火不得小于10m，且不得在烈日下暴晒。冬天使用气瓶时，发生冻结现象，严禁使用明火烘烤或用金属敲击瓶阀。乙炔瓶使用时必须直立放置，不准横躺卧放，以防乙炔流出引起燃烧爆炸。氧气瓶与乙炔瓶不得同车运输、一起存放。禁止对未经清洗、置换处理的化工容器进行焊接。在禁火区操作，要实行严格的三级审批制，办理动火证，并制定严格的动火制度和工艺规范。动火作业周围要划定界限，并有“动火区”字样的明显标志。在容器管道及狭小舱室内操作时，要进行气体分析，检查易燃、易爆气体和氧的含量，合格后才可开始动火作业；要进行自然通风，必要时还应采取机械通风，稀释可燃气体，防止与空气聚集形成爆炸性混合气体。密闭容器不得焊、割。在登高作业时，为防止火花落下或飞散引起燃烧、爆炸事故，可采用钢板、石棉板等非燃烧材料做成挡火板或接火盘，防止火花飞溅。工作结束后，要切记拉闸断电，并认真检查，防止隐藏火种，酿成火灾。确定无隐患后，方可离开。

b. 灭火措施。常用的灭火物资有水、化学液体泡沫、固体粉末、不活泼气体。一旦发生火灾，应立即报警，同时采取相应的灭火措施扑灭初期火灾。在灭火时，要合理选用灭火器材。拆迁：在易燃、易爆场所和禁火区域内，应把焊、割件都拆下来，迁移到安全地带进行焊、割。隔离：对确实无法拆卸的焊、割件，要把焊、割的部位或设备与其他易燃、易爆物质进行严密隔离。置换：对可燃气体的容器、管道进行焊、割时，可将不活泼气体（如氮气、二氧化碳）、蒸汽或水注入焊、割的容器、管道内，把残存在里面的可燃气体置换出来。清洗：对储存过易燃液体的设备和管道进行焊、割前，应先用热水、蒸汽或酸液、碱液把残存在里面的易燃液体清洗掉。对无法溶解的污染物，应先铲除干净，然后再进行清洗。移去危险品：把作业现场的危险物品搬走。敞开设备：被焊、割的设备，作业前必须卸压，开启全部人孔、阀门等。加强通风：在有易燃、易爆、有毒气体的室内进行作业时，应进行通风，等室内的易燃、易爆和有毒气体排至室外后，才能进行焊、割。提高湿度，进行冷却：作业点附近的可燃物无法搬移时，可采用喷水的办法，把可燃物浇湿，进行冷却，增加其耐火能力。备好灭火器材：针对不同的作业现场和焊、割对象，配备一定数量的灭火器材。大型工程项目禁火区域的设备抢修，以及当作业现场环境比较复杂时，可以将消防车开至现场，铺设好水带，随时做好灭火准备。技术测定：对焊、割件内部的可燃气体含量，各种易燃、易爆物质的闪点、燃点、爆炸极限进行技术测定，在确保安全、可靠的情况下才能进行焊、割。

53. 盲板抽堵作业的安全要求

(1) 盲板及垫片应符合的要求

① 盲板应按管道内介质的性质、压力、温度选用适合的材料。高压盲板应按设计规范设计、制造并经超声波检测合格。

② 盲板的直径应依据管道法兰密封面直径制作，

厚度确定应经强度计算。

③ 一般盲板应有一个或两个手柄，便于辨识、抽堵，8字盲板可不设手柄。

④ 应按管道内介质性质、压力、温度选用合适的材料做盲板垫片。

(2) 安全职责要求

① 生产车间负责人应了解管道、设备内介质的特性及走向，制定、落实盲板抽堵安全措施，安排监护人，向作业负责人或作业人员交代作业安全注意事项。生产系统如有紧急或异常情况，生产车间负责人应立即通知停止盲板抽堵作业。作业完成后，车间负责人应组织检查盲板抽堵情况。

② 监护人负责盲板抽堵作业现场的监护与检查，发现异常情况应立即通知作业人员停止作业，并及时联系有关人员采取措施。应坚守岗位，不得脱岗；在盲板抽堵作业期间，不得兼做其他工作。当发现盲板抽堵违章作业时应立即制止。作业完成后，要会同作业人员检查、清理现场，确认无误后方可离开现场。

③ 作业负责人应了解作业内容及现场情况，确认作业安全措施，向作业人员交代作业任务和安全注意事项。各项安全措施落实后，方可安排人员进行盲板抽堵作业。

④ 作业前应了解作业的内容、地点、时间、要求，熟知作业中的危害因素和应采取的安全措施。要逐项确认相关安全措施的落实情况，若发现不具备安全条件时不得进行盲板抽堵作业。

(3) 盲板抽堵作业安全要求

① 盲板抽堵作业实施作业证许可管理，作业前应办理“盲板抽堵安全作业许可证”(以下简称“作业证”)。盲板抽堵作业人员应经过安全教育和专门的安全培训，并经考核合格。

② 生产车间应预先绘制盲板位置图，对盲板进行统一编号，并设专人负责。盲板抽堵作业人员应在作业负责人的指导下按图作业。作业人员应对现场作业环境进行有害因素辨识并制定相应的安全措施。

③ 盲板抽堵作业应设专人监护，监护人不得离开作业现场。在作业复杂、危险性大的场所进行盲板抽堵作业，应制定应急预案。

④ 在有毒介质的管道、设备上进行盲板抽堵作业时，系统压力应降到尽

可能低的程度，作业人员应穿戴适合的防护用具。

a. 在易燃、易爆场所进行盲板抽堵作业时，作业人员应穿防静电工作服、工作鞋；距作业地点 30m 内不得有动火作业；工作照明应使用防爆灯具；作业时应使用防爆工具，禁止用铁器敲打管线、法兰等。

b. 在强腐蚀性介质的管道、设备上进行抽堵盲板作业时，作业人员应采取防止酸、碱灼伤的措施。

c. 在介质温度较高、可能对作业人员造成烫伤的情况下，作业人员应采取防烫措施。

⑤ 高处盲板抽堵作业应按 GB 30871—2014《化学品生产单位特殊作业安全规范》的要求执行。

⑥ 不得在同一管道上同时进行两处及两处以上的盲板抽堵作业。

⑦ 抽堵盲板时，应按盲板位置图及盲板编号，由生产车间设专人统一指挥作业，逐一确认并做好记录。

⑧ 每个盲板应设标牌进行标识，标牌编号应与盲板位置图上的盲板编号一致。

⑨ 作业结束，由盲板抽堵作业负责人、车间班组长、生产部门技术人员共同确认。

54. 起重作业的安全注意事项

(1) 安全站位

在起重作业中，有些位置是十分危险的，如吊杆下、吊物下、被吊物起吊前区、导向滑轮钢绳三角区、快绳周围、斜杆的吊钩或导向滑轮受力方向等，如果处在这些位置上，一旦发生危险极不易躲开。所以，起重作业人员的站位非常重要，不但自己要时刻注意，还需要互相提醒，检查落实，以防不测。

（2）吊索具安全系数小

起重作业中，对吊索具安全系数理解错误，往往以不断为使用的依据，致使起重作业总是处在危险状态。

（3）拆除作业中缺乏预见因素

由于种种原因，如对物件重量估计不准，切割不彻底，拽拉物多，拆除件受挤压增加荷重，连接部位被发现强行起吊等，造成吊车、吊索具骤加荷重冲击而导致意外发生。

（4）误操作

起重作业涉及面大，经常使用不同单位、不同类型的吊车。吊车日常操作习惯不同，性能不同，再加上指挥信号的差异影响，容易发生误操作事故。

（5）捆扎不牢

高空吊装拆除时对被吊物未采取“锁”的措施，而用“兜”的方法；对被吊物尖锐棱角未采取“垫”的措施；成束材料垂直吊送件捆绑不牢，使吊运的物体在空中一旦颤动，受刮、碰即失稳坠落或“抽签”。

（6）滚筒缠绳不紧

大件吊装拆除，吊车或机动卷扬机滚筒上缠绕的钢绳排列较松，致使受大负荷的快绳勒紧绳束，造成快绳剧烈抖动，极易失稳，结果经常出现继续作业危险，停又停不下来的尴尬局面。

（7）临时吊鼻焊接不牢

a. 临时吊鼻焊接强度不够。这里所讲的焊接强度不够，是指由于焊接母材表面锈蚀，施焊前清除锈斑不彻底，造成实际焊肉与母材根本没有熔合在一起。载荷增加或受到冲击，便发生断裂。

b. 吊鼻受力方向单一。在吊立或放倒长柱形吊物时，随着物体角度的变化，吊鼻的受力方向也在改变，而这种情况在设计与焊接吊鼻中考虑不足，致使有缺陷的吊鼻在起重作业中突然发生折断（掰断）。这类情况需要事先在吊鼻两侧焊接立板，立板大小及厚度最好由技术人员设计、计算来确定。

c. 吊鼻焊接材料与母材不符及非正式焊工焊接。

（8）吊装工具或吊点选择不当

吊装工具或借助管道、结构等作吊点吊物缺乏理论计算，靠经验估算的吊装工具或管道、结构吊物承载力不够或局部承载力不够，一处失稳，导致整体坍塌。

（9）滑轮、绳索选用不合理

设立起重工具时，对因快绳夹角变化而导致滑轮和拴滑轮的绳索受力变化的认识不足，导向滑轮吨位选择过小，拴滑轮的绳索选择过细，受力过载后造成绳断轮飞。

（10）无载荷吊索具意外兜挂物体

有很多事故是这样发生的，起重工作已经结束，当吊钩带着空绳索具运行时，自由状态下的吊索具挂住已摘钩的被吊物或其他物体，操作的司机或指挥人员如反应不及时，事故瞬间就发生了。而这类事故对作业人员和起重机造成非常恶劣的后果。

(11) 起重吊装施工方案与实际作业脱节

主要表现为内容不全，缺乏必要的数据或施工方法与实际操作方法不相符，使施工方案变为应付上级检查过关的挡箭牌，而实际上完全没有起到指导施工作业的作用。

(12) 空中悬吊物较长时间没有加封安全保险绳

有的设备或构件由于安装工艺程序要求，需要先悬吊空中后就位固定，而有的悬吊物在空中停留时间较长，如果没有安全保险绳，一旦受到意外震动、冲击等伤害，将造成悬吊物坠落的严重后果。

(13) 工序交接不清或多单位施工工序有漏洞

如果有的结构或平台一个班拆除了但和下一个班交接不清楚，如张三搭的架子能否上人李四不知道，甲单位切断了平台梁而乙单位继续往平台上放重物，以致造成临时支撑过载，结果是问题发生了，还不知道是怎么回事。

(14) 施工忙于进度而安全确认不够

吊车站位没有和地面人员进行咨询，作业前对吊物重量确认不准，周围环境中的高压线路，运转设备，煤气、氧气管道泄漏点等隐患，业主单位的安全警示标志没有及时发现而吃大亏。

(15) 使用带有“毛病”的吊索具

有些员工为了省事，找根绳扣就用，殊不知这是别人扔的报废的绳扣，有的受过内伤，有的局部退过火，还有的让电焊打过，而这些毛病和问题是不容易检查出来的；还有的贪图便宜购买非正规厂家生产的滑轮、吊环等不合格吊具，使工人作业时提心吊胆。为了确保吊装施工安全，不要用别人扔掉的旧绳扣，对损坏报废的绳扣应及时切断，防止他人误用而造成重大事故的发生，更不要购买非正规厂家生产的吊具，这是人命关天的大事。

作为起重机操作人员，除严格执行有关规定和操作规程外，还要钻研操作技巧，及时总结经验教训，提高事故的防范能力。由于每个人的工作经验、操作技巧、知识层面的不同，对起重作业的危险和隐患的判断也不一样，所以相互间的协作互保作用在起重作业中显得格外重要。平时在班组还要大力开展多说一句话、多伸一把手、多提一个建议、多看一眼的活动。关键时刻，一句话、搭一把手、一个建议、多看一眼往往就能够避免一起事故。

55. 高频辐射的危害及防护措施

高频电磁场与微波统称为射频辐射，是电磁辐射中量子能量最小、波长最长的波，其中波长 1mm～3000m 的电磁波是高频电磁波。在工业生产中金属高频焊接、冶炼等加工设备都会产生高频电磁场，其使用频率一般为 300kHz～300MHz。

(1) 感应近区场与辐射近区场的划分

高频辐射周围产生的交变电磁场可对地划分为近区场和远区场，以离开辐射源 $2D^2/\lambda$（D 指辐射源口径，λ 指波长）的距离作为两区域的分界。近区场又可分为感应近区场和辐射近区场，以离开辐射源 $\lambda/(2\pi)$ 为分界距离，小于 $\lambda/(2\pi)$ 的区域为感应近区场，大于 $\lambda/(2\pi)$ 小于 $2D^2/\lambda$ 的区域为辐射近区场，工人操作位置主要处在感应近区场中。在感应近区场内电场与磁场强度不成一定的比例关系，所以电场强度（V/m）和磁场强度（A/m）要分别测量。

(2) 射频辐射对机体的影响

射频辐射到达机体后，可发生反射、散射、穿透和吸收现象，其情况随射频的不同而异。射频辐射对人体的影响是引起中枢神经系统及自主神经系统的功能失调，表现为神经衰弱综合征，常有头昏乏力、睡眠障碍、记忆减退、情绪不稳定、多汗等症状，但高频电磁场对周围血象、视力一般无影响。场强对人体影响呈现的规律是：场强愈大，作用时间愈长，作用间隙愈短，对机体影响愈严重。脉冲波对机体的不良影响比连续波严重。

(3) 高频电磁场的防护

a. 场源的屏蔽。用金属材料包围场源，以吸收和反射场能，使操作地点电磁场强度降低。场源屏蔽一般可用屏蔽罩或小室密闭，屏蔽材料可用铁、钢、铝、铜，试验证明铝材料为最佳。屏蔽还应接地。非导体材料无屏蔽作用。

b. 远距离操作。如果操作岗位距场源较远就不一定要求屏蔽，但在其周围要有明显的安全标志，对一时难以屏蔽的场源，可采用自动半自动的远距离操作，严格遵守规章制度，尽量减少在辐射场中不必要的停留等。

c. 合理的车间布局。高频加热、焊接车间要求较一般车间宽敞。各高频机之间需要有一定的距离。安装高频机时，应考虑场源尽可能远离操作岗位和休息地点。馈线不宜过长，特别是一机多用时，更应充分考虑场源与作业岗位的合理布置。

d. 严格的卫生标准。《作业场所超高频辐射卫生标准》(GB 10437) 规定，作业场所超高频辐射一日 (8h) 暴露的允许接触限值：连续波为 $0.05mW/cm^2$ (14V/m)，脉冲波为 $0.025mW/cm^2$ (10V/m)。设立物理因素作业监测点，以保障工人的身体健康。

e. 卫生保护措施。对长期接触电磁辐射的操作人员应建立职工健康档案，并实行就业前体检，以排除就业禁忌证。对作业人员每年实行定期体检，发现有症状者，可暂时脱离接触并予以治疗。对连续作业 3 年的人员要做适当调岗。

56. 可移动电器的安全使用

可移动电器是指因工作需要经常移动的电器设备。其特点是随工作环境经常移动，具有使用方便、灵活、快捷、应用范围广等特性，是班组员工在工作中不可缺少的设备。可移动电器有 3 种类型：可移动电源；可移动电器具；手持电动（热）器具。安全使用它们的总思路是：防漏电、防潮、防松脱、接地可靠。

（1）可移动电源

也称临时电源。根据用电量及防护等级，分为可移动（携带式）电源箱和移动插座（俗称拖板）。对于这类电源的安全使用，应遵守的原则是：

a. 根据设备使用环境，确定其防护等级。b. 使用可移动电源，必须按照容量安装漏电保护器。c. 所有拖板的电线必须是绝缘护套软电缆，严禁用花线或与之类似的电线作电源线。d. 由专业人员定期对拖板进行安全检查。

例如，在船舶上使用的拖板，必须安装在有盖的箱里，且必须安装漏电开关；所有电源电缆必须加套胶管。同时在潮湿环境下使用可移动电源，应特别注意其水密性防护等级（普通、防滴、防溅、水密性等），应根据所处环境，使用时严格区分。

a. 尽量少用可移动插座，可移动插座是作为临时电源设计的，家庭装修时，应预先在有需要的地方安装不同类型的固定式插座，不能依靠拖板作为电源使用。临时使用时其电源线不能长于2m。b. 使用正规厂家生产且有认证标志的产品，不能选用劣质产品。另外应根据需要选用不同用途的拖板，比如，电脑插座与普通插座的款式是不同的。c. 在临时使用拖板时，应考虑它的容量。开关、保险都是安装在插座右孔的线路上，而一些不专业的电工操作，往往造成“火线”在左孔上。因此为了安全，应用验电笔验所有的插座的右孔是否是“火线”，如果不是，请找专业电工更正。d. 在使用可移动插座时，不准吊挂或将其长期置于地面，应采取有效措施，防止金属杂物掉入插孔造成短路事故；不能多个用电设施同时使用一个拖板；不能将裸露的导线直接插在插座上，应保证插头、插座稳固紧密地连接在一起；严禁在潮湿的环境中不采取有效防护措施使用拖板，不得用湿手触摸拖板。e. 必须安装漏电保护器。

（2）可移动电器

工厂里的电焊机、家庭使用的落地式取暖器和电风扇都属于此类。使用此类电器最重要的是可靠接地。在工厂里要定期检查设备是否可靠接地；在室外使用这类电器还应有防雨、防雪措施。要记住低压电器也会伤人。

（3）手持电动（热）器具

如电钻、电刨、电锯、电吹风、电熨斗等。此类设备对人体可能造成伤害事故。

a. 一旦触电，由于人的本能，肌肉收缩而难以摆脱带电体，会有大量电流通过人体。b. 电源线因工作需要经常拖来拖去，电源线易受损，以致漏电伤及人体。c. 运行时产生振动，影响设备的稳固性与安全性，长期不检修也可能造成漏电事故。d. 有些设备零线、地线接在一起，零线短路造成地线带电，使得金属外壳带电。

下面简单介绍一些关于手持电动（热）器具的安全常识。按照电击防护等级，分为Ⅰ、Ⅱ、Ⅲ类。目前，Ⅰ类已被淘汰；Ⅱ类具有双重绝缘防护，有一个“回”形的绝缘结构标志，在购买、使用时应注意；Ⅲ类指的是使用安全电压的手持电动工具。使用的安全要求是：

(a) 使用前仔细辨认铭牌，清楚使用的是何种手持电动工具。(b) 使用前应检查防护罩、盖、开关是否失灵。(c) 应注意电动工具的电源线是否是橡皮绝缘软电缆，两相应用的是三芯电缆，三相应用的是四芯电缆。(d) 应有良好的接零和接地措施，且保护导体应与工作零线分开。(e) 使用电动工具必须装设额定漏电动作电流不大于30mA，动作时间小于0.1s的漏电保护开关。(f) Ⅱ类工具的绝缘电阻应大于7MΩ。(g) 在狭窄场所里作业必须使用Ⅲ类工具，如密闭容器、管道内。(h) 对于手持电动工具的检修，每季度不得少于一次，潮湿天气必须加强检查。

在家庭里使用电吹风时应注意：不可将进风口完全封闭；如果是串联式电动机的电吹风应定期清除炭粉；使用电熨斗应注意必须使用专用插头。

57. 化学滤毒盒的正确使用

防毒面具是有毒作业常用的呼吸防护设备，它所使用的化学滤毒盒，能将吸入空气中的有害气体或蒸气滤除，或将其浓度降低，保护使用者的身体健康。根据我国的标准，通常将滤毒盒分为防有机气体、防氨气、防汞蒸气和防酸性气体（如氯气、氯化氢和二氧化硫等）等几种。

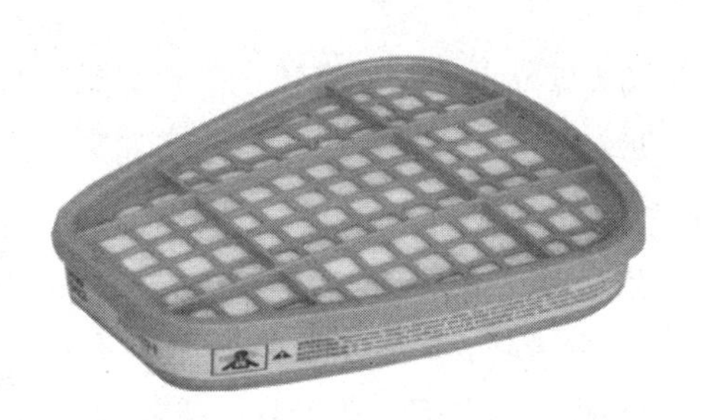

滤毒盒盒体内装填吸附剂，吸附剂具有多孔结构，通常为活性炭，如煤质炭或椰壳炭。多孔结构使活性炭有巨大的内表面积，每克活性炭的内表面积可达 1000m^2 左右，对许多气体和蒸气具有很高的吸附性。气体是常温常压下呈气态存在的物质，如氯气、一氧化碳气体等；蒸气是常温常压下以液态存在的物质蒸发产生的气体，如苯蒸气、丙酮蒸气等。吸附是气体分子被吸引到活性炭表面，进而从空气中被分离出的过程，这种吸引力比较弱，是弱的物理作用，也称物理吸附，强度与有机蒸气的性质有密切关系。

为使滤毒盒对某些化学物质更具有选择性，用化学试剂浸渍活性炭后，某些特殊化学物质可与活性炭上的试剂发生化学反应，这类吸附也叫化学吸附，多数滤毒盒依靠化学吸附。滤毒盒种类和过滤机理见表 2-2。

表 2-2　滤毒盒种类和过滤机理

滤毒盒种类	过滤机理	化学试剂举例
有机蒸气	物理吸附	—
氨气	化学吸附	氯化溴、钴盐、铜盐、酸
酸性气体	化学吸附	碳酸盐、磷酸盐、氢氧化钾、铜盐
汞蒸气	化学吸附	碘、硫

化学吸附力是化学结合力，比单纯的物理吸附力强得多，且不可逆转。应用化学吸附机理的滤毒盒在使用中只要注意不发生穿透，及时更换滤毒盒，往往不会有特殊的问题。所谓穿透，是活性炭已经吸附饱和，失去过滤作用，如不更换，有害气体将直接被使用者吸入。

但对于有机蒸气滤毒盒来讲，情况比较复杂。有机蒸气种类繁多，同一滤毒盒对不同种类物质吸附容量不同，难以统一确定更换时间。另一个突出问题是物理吸附作用弱，吸附过程可能发生逆转，出现解吸。解吸会在活性炭停止使用期间自然发生，也会因活性炭选择吸附与它亲和力更强的物质而发生，通常这类容易被替代的物质称为易挥发性物质。在欧洲，把沸点低于65℃作为划分易挥发性物质的指导性界限，常见的如丙酮（沸点56.5℃）、二氯甲烷（沸点39.8℃）、汽油（沸点40～200℃）、石油醚（沸点40～80℃）、乙醚（沸点36.4℃）、乙醛（沸点20.8℃）等。对用于过滤这类物质的滤毒盒而言，在停止使用期间，即使滤毒盒内没有气流运动，原来吸附的物质也会解吸，解吸的物质从滤毒盒入口端炭层向后方扩散，直至弥漫至整个滤毒盒，这种现象称为迁移。造成迁移的因素包括：a. 被吸附物质的挥发性，挥发性越强，越易产生迁移。b. 环境相对湿度若大于50%，更易发生迁移。c. 滤毒盒原有吸附量。d. 滤毒盒存放时间。e. 蒸气种类。

解吸和迁移给有机气体滤毒盒的再次使用带来了问题。迁移将导致滤毒盒在再次使用时过早发生穿透，若解吸物质已在整个滤毒盒内弥漫，使用者则会立即吸入高浓度有害物质，这是非常危险的。

解吸也会发生另外一种情况。如滤毒盒第一天用于吸附一种比较容易挥发的物质A，使用时间比滤毒盒的使用寿命短，并没有穿透。第二天该滤毒盒用于另外一种环境，吸附另一种不易挥发的物质B，结果A会被B取代，A较早穿透，而且浓度高于环境浓度，同样非常危险。这种现象也会在A、B两类物质混合存在的时候出现。

遗憾的是，目前研究还不能指导我们对物质的挥发性做可靠的划分，哪类物质具有挥发性，哪类较易挥发，需要依靠现有的知识和使用者在实践中积累的经验来判断。以下建议可供化学滤毒盒使用者参考。

① 对于稳定作业，结合原有的使用经验，并根据作业现场污染种类和浓度、作业强度、温度、相对湿度、物质的挥发性等，建立滤毒盒更换时间表，并照表执行。滤毒盒制造商根据现场参数提供的使用寿命建议，将会对滤毒盒的使用有所帮助。

② 若被吸附的物质沸点低于65℃，建议每天更换滤毒盒。

③ 若认为所吸附的物质比较容易挥发，且滤毒盒的使用有中断，如周末期间停止使用滤毒盒，建议更换。

④ 即使认为吸附的有机物质不容易挥发，若滤毒盒在使用中有两周左右

的时间停止使用，建议更换滤毒盒。

58. 起重作业事故隐患

（1）起重作业存在的危险因素

a. 起重机工作中随时可能发生事故，其中在起重搬运作业和起重机的拆装过程中发生的事故较多。

b. 起重机作业范围内的所有人员都置身于移动的庞大金属结构和悬空吊运的重物之下。起重机司机、安装维修人员都存在着高处坠落、物体砸伤的危险。

c. 起重机作业大多数事故无任何先兆，如金属结构倾覆，常发生于一瞬间，且无法通过急停装置制止事故的发生。在金属结构倒塌的事故中人员根本没有躲避的空间。

d. 据统计，受伤害人员多为起重司机、司索工，甚至许多是与起重作业无关的人员。其中，司索工的伤害比例最高（流动性很大、非正规就业的、文化素质相对较低的农民工群体是事故的高发人群）。

（2）起重机械的事故隐患

a. 设计、制造不规范。企业自行设计、改造的起重设备较多，在设计、改造中结构件的强度未经理论计算及检验，没有设计图纸和说明书。电气及控制部分的设计、制造更无规范、标准可依。由于起重机生产厂家众多，制造水平参差不齐，有些制造厂在制造过程中偷工减料，采用不合格的材料，有些制造厂采用劣质配件，这样生产出的起重机械可靠性差，危险性很大。

b. 安装、维修市场混乱。起重机安装不严格按照规范作业。有些安装单位在资质不够甚至无资质的情况下，欺上瞒下，从事安装工作。有些工程被一些资质不够的队伍承包，有些工程被层层转包，这些安装队伍，既无技术力量，不懂安装规范，又缺乏安装人员、设备。更有甚者，在起重机械的施工队伍中，出现了大量既不懂安装工艺又缺乏基本技能的农民工。其工程质量、可靠性可想而知。

c. 设备的使用和管理混乱。一些起重机械使用单位忽视安全生产工作，设备管理混乱，规章制度、操作规程不健全；有些单位虽有规章制度但并未认真贯彻落实，在实际操作中违章作业现象严重。

相当一部分起重机械作业人员未经专业技术培训，从单位领导到操作人员安全意识极为淡薄，技术水平低下，怎能保证不出事故呢！

不认真遵守起重机械管理和维修保养制度，不对起重机械进行定期检查和及时的维护保养，造成设备零部件损坏、老化、带病运行。为了方便，任意短接、拆除安全回路和安全装置等，设备的安全状况很差。

(3) 起重机的安全使用

a. 必须有国家颁发的生产许可证、出厂合格证及说明书等相关技术资料。

b. 大修后的起重机械必须有大修出厂合格证。

c. 必须经市场监管部门授权的检验站检验合格并出具正式检验报告和颁发安全准用证（验收检验或定期检验）。

d. 主要机械应执行专人负责制；大型重要机械应执行机长负责制；机械使用应定人、定机、定岗，持证上岗。

e. 应建立机械操作、使用和维修保养的岗位责任制和安全操作规程等，应挂牌（规格标牌、责任人和机组人员、准用证、性能表等）使用。

f. 起重机械投入使用前，安全技术状况必须良好，安全装置必须可靠。

g. 行走塔机的轨道必须按标准验收合格（纵横方向倾斜度不大于1/1000）；固定塔机基础必须符合标准规定（混凝土强度标号不低于C35，表面平整度偏差不大于1/1000）。

h. 接地必须良好可靠，符合标准要求，接地电阻不大于4Ω。机坑、轨道排水畅通，大车行走限位器和止挡的设置应符合标准要求。

i. 塔机上应有符合要求的灭火器、清扫工具、运行记录本等，应悬挂安全准用证和安全操作规程等，司机室应贴有司机或机组人员名单、起重机性能表。

j. 日常使用状况记录（包括变换工况，基础或轨道批准验收资料，安装告知，装拆过程检验记录，安装装置的形式试验合格证明，整机安装后自检报告书，验收检验报告等）。

59. 建筑施工的安全措施

(1) 建筑施工组织设计应与建筑施工安全设计同时编制

一般情况下，当建筑工程图纸确定后，施工单位就开始编制施工组织设计，但设计中往往对安全施工很少提到或一笔而过，使建筑施工事故隐患从一开始就被埋下。随着施工进度的进行，事故隐患便逐渐暴露出来，此时要想采取措施进行整改就很难或者需要更多的投入。所以，在编制建筑施工组织设计时，对整个生产作业区和工人生活就餐居住区要统一安排、整体部署，切忌边施工、边设计、边安装。要广泛征求多方面意见，尤其要有懂安全、管安全的人员参加。

(2) 建立各级安全生产责任制

抓建筑施工的安全管理，必须把重点放在责任的落实上，由此建立起一整套从公司总经理到工程项目经理，再到工地工长、班组长、现场安全检查人员及全体职工的层层分解落实、层层责任清晰的管理制度，以制度确定每一个人在安全工作中的责任及位置。

(3) 建立完善的安全操作规程

根据建筑施工事故统计分析，有一半以上的事故原因是“三违”造成的，尤其是职工违章作业、冒险蛮干在其中的比例最大，尽管大部分职工在长期的建筑施工操作中，安全经验已经较为丰富，企业各类岗位安全操作规范也日趋完善，但随着新技术、新工艺、新设备和新材料的应用，一些旧的安全操作规范已经不能满足现代施工的需要，这就要求对其重新制订或加以完善，使每个职工的施工过程都在正确的程序下进行。

(4) 坚持经常性的检查

事故的发生除少数是意外所致，多数都是人为因素引起的。安全检查可以发现隐患，避免和消除事故的发生；并可以解决怎样开展安全检查，采取何种方式开展安全检查，通过安全检查如何把事故隐患暴露出来的问题。要求每位领导者和职工弄懂检查对象的安全标准。就好比用秤称东西一样，首先识秤，才能用秤去称量东西。安全检查应针对建筑施工现场的每个环节、每个角落，坚持高标准、严要求，才能取得实效。

(5) 落实安全资金投入

加大安全管理投入，更新安全设施，积极采用新工艺、新技术、新材料和新设备是预防建筑施工事故行之有效的措施。近年来，为预防建筑施工工地触电事故，采用的三相五线制及漏电保护装置，都起到积极作用。淘汰竹跳板等，采用自升式吊车、铁木跳板，对于预防起重事故和高处坠落事故起到了一定作用。对危险性较大的作业，用机械化或自动化替代手工操作，不断改善职工的作业环境条件，使建筑施工作业事故数量从根本上降下来。

60. 液化石油气瓶安全自查“五法”

(1) 液化石油气瓶的安全使用

a. 燃气管道的安装和防雷、防静电、燃气泄漏报警监控措施应当符合《城镇燃气设计规范》(GB 50028) 和《城镇燃气技术规范》(GB 50494) 的规定。

b. 用气设备应有产品合格证，并由具备燃气燃烧器具安装维修资格的单位严格按照《城镇燃气设计规范》(GB 50028) 和《城镇燃气技术规范》(GB 50494) 的规定安装，用气设备、排风系统、排烟设施应保持工况良好。

c. 使用液化石油气瓶应当符合下列规定：

气瓶应直立摆放，使用和备用气瓶应当分开放置或者用防火墙隔开，放瓶场所室温不得超过 45℃并通风干燥。两瓶或两瓶以上气瓶构成瓶组供气时，应设置瓶组间，其设置应符合《城镇燃气设计规范》(GB 50028) 要求。备用气瓶存放不得超过两瓶，超过两瓶时，应设置专用气瓶间，充气量气瓶容积设置应符合《城镇燃气设计规范》(GB 50028) 要求。瓶组间、气瓶间内照明等电气设备应为防爆型，开关应设置在室外。瓶组间、气瓶间应按规定配备干粉灭火器，外部应设置明显的安全警示标志。瓶组间、气瓶间内不得堆放易燃、易爆物品和使用明火。同一房间内液化石油气不得和其他燃料同时使用。用气设备应固定牢靠，多台用气器具之间应用硬管连接，气瓶连接软管应为燃气专用软管，并用卡箍紧固，软管长度不得超过 2m，且没有接口；软管不得穿越墙壁、窗户和门；软管应当每两年更换一次，若出现老化、腐蚀等问题，应当立即更换。公共娱乐场所、公共高层建筑和地下建筑内严禁使用瓶装液化石油气。

d. 应向具有燃气经营许可资格的单位购气，瓶装燃气气瓶应有条形码标识、警示标签、充装标识和角阀塑封。

e. 用气场所应按照有关规定安装可燃气体浓度报警装置，配备干粉灭火器等消防器材。

f. 用气单位应建立健全并严格落实燃气安全使用管理制度、操作规程，并明确专人负责。用气单位负责人、从业人员要定期参加安全教育培训，掌握安全用气知识。

g. 应定期进行用气安全检查，并制定有针对性的应急预案或应急处置方案，保证从业人员掌握相关应急内容。

h. 瓶装燃气用户应建立用气台账，每次购气后应及时准确记录气瓶条形码编号。

(2) 安全自查“五法”

a. 看。一看铭牌标志，内容是否齐全规范，钢瓶制造厂家是否经国家认可，其产品质量是否稳定，是否属于合格产品，是否有国家认可的检验机构驻厂监察标志“CS”钢印。二看瓶体标志。是否附有国家认定的钢瓶检验中心定期检验合格标志。按国家规定，钢瓶出厂 20 年内，每 5 年检测一次，20 年后，每两年检测一次，无检验合格标志和过期未检的钢瓶为不可靠瓶。三看瓶体外观。是否有裂纹、电弧损伤、火焰烧伤及其他肉眼可见的容积变形。四看焊缝质量。焊缝热影响区是否有裂纹、气孔、弧坑、夹渣和未熔合等缺陷，主体焊缝是否有咬边，与瓶体焊接的零部件的焊缝在瓶体一侧是否有咬边，焊缝表面是否有凹陷或不规则突变。五看钢瓶阀座。是否有塌陷和裂纹，瓶阀螺纹是否有损伤，阀座尾部、出气口、阀帽、阀芯等是否有超过螺纹高度 1/3 和长度圆周 1/5 的局部缺口。有上述情况之一者为不合格钢瓶。

b. 测。将瓶体浸入水中，旋紧阀门，观察阀口与阀杆是否泄漏。堵住阀口，缓慢开启阀杆至开启状态，观察阀杆处有无泄漏，有则表明气密不合格。

c. 闻。将瓶体与炊具连接，保持安全距离，处于燃烧状态，贴近瓶口处，闻一闻是否有较重的臭味，有则表明漏气。

d. 称。普通钢瓶空瓶重 17kg（误差为±0.5kg），灌气 15kg（误差为±0.5kg），个别地区因气候炎热，规定为 12.5kg（误差为±0.5kg）。用前称重，看是否符合要求；用后称重，看是否残液超标，如果超标说明液化石油气钢瓶过了检验期。

e. 查。查看所换液化石油气瓶的单位和固定、流动点是否取得“城市燃气企业资质证书”，其公司所属挂号销售网点的工作人员是否持有上岗证件和工作证件。否则属非法经营，钢瓶质量不能得到保证。

以上五法是购买和使用优质液化石油气瓶的最基本知识，只要员工确实掌握，即可保证安全。

61. 便携式可燃气体检测器使用注意事项

便携式可燃气体检测器是一种便携式仪器，由电池或可充电电池供电，用来检测可燃气体或可燃蒸气的浓度，当被测可燃气体或可燃蒸气的浓度达到危险浓度时，发出报警信号。因此被广泛用于石油、化工及其他具有可燃性气体泄漏可能的场合，尤其适合巡回检查及动火分析。

① 便携式可燃气体检测器使用时，必须检查电池电量是否符合检测要求。只有在电池电量充足时，仪器才能反映真实可燃气体浓度，如连续检测应随时检测电池电压，需要换电池、充电时，必须在安全场合进行。

② 每次检测前必须在洁净的空气环境中进行零点调整。

③ 对于泵吸式的可燃气体检测器，检测前首先检查一下泵及气路是否正常，有无泄漏、堵塞现象。严禁将物料吸入，一旦吸入应立即断电处理，处理后需要重新检定。

④ 在北方冬季检测，先要看一下使用说明书上的温度指标，气温是否在使用温度范围内，以免造成由于超出使用温度范围带来的检测误差。

⑤ 对一个封闭区域，如储罐、容器，由于含氧量低于10%（体积分数），则不能检测，也不能检测以不活泼气体为背景的气体中的可燃气体和蒸气浓度。

⑥ 对在最低爆炸极限和最高爆炸极限之间的可燃气体的检测，随浓度的增加指示值下降。应用催化燃烧原理的检测器不能检测浓度超出最低爆炸极限的可燃气体。

⑦ 用一台可燃气体报警器检测多种可燃气体或蒸气时，必须参照生产厂提供的与检测可燃气体或蒸气相对应的校正曲线，才能真实地反映被测气体或蒸气的爆炸下限（LEL）值。

⑧ 被测气体中某些物质（如含硫、硅、铅）对传感器的催化剂有一定的影响，使检测值失真。如怀疑被测气体中含有上述物质，则在每次检测后，必须重新检定，以确认灵敏度。

⑨ 严禁在可燃气体浓度高于爆炸下限的条件下长时间使用可燃气体检测器，否则将烧坏检测元件。

⑩ 便携式可燃气体检测器为防爆型仪表，其泵组件、电子线路、传感器、开关、电池均为防爆组件，如需更换时，必须用原厂配件，不许改动电子线路，否则将达不到防爆要求。

总之，在使用便携式可燃气体检测器前，必须认真阅读使用说明书，只有按照制造厂家的要求进行使用和维护，才能充分发挥仪器性能。否则，就无法发挥其正常功能，使用者会因仪器的误指示造成误判断，乃至造成爆炸性事故及人身伤亡事故。可燃气体检测器必须由法定授权的计量部门做定期检定，合格后方可使用。

62. 起重机操作“三要素”

起重机操作的基本要求是“稳”“准”“快”。虽然只有3个字，但它包含了安全操作的全部要领。要认真达到这个要求，需要长期领悟与磨炼。

(1) 稳

稳主要是指吊物在运行、就位过程中保持平稳状态，避免冲击、晃动现象。评价操作是否平稳的标志是吊钩的状态。吊钩能否平稳运行与起重机各机构的协调动作有关。对桥门机来说，首先启动要平稳，要做到从低速挡起步逐渐加速。这时吊钩和吊物就能平稳地从静止状态过渡到启动状态，再从低速运行平稳过渡到高速运行。其次，制动要平稳。吊物从高速运行到停止运行的过程中有个制动阶段，司机在制动的预备阶段就应将主令控制器从高速挡逐一退回低速挡，再回零位。如果从高速挡直接回零位，结果是吊钩和吊物制而不止，产生强烈的晃动和冲击。卷扬机构的强烈制动，还将造成制动器摩擦元件超常磨损，吊物溜钩距离增大，甚至由于制动轮与闸瓦的高热而导致刹车失灵，重物坠地，酿成事故。

对悬臂式起重机，运行稳定要比桥门机困难得多。为使吊钩运行稳定，除注意启动和制动阶段的平稳操作外，还应避免吊钩及吊物在空中的摆动现象。应掌握的基本要领是：在吊钩摇摆到幅度最大而尚未回摆的瞬间，将小车跟着吊钩摇摆的方向移动，吊钩往哪里摆，小车就向哪边跟。这时，起重机就能通过卷扬机钢丝绳传给吊钩一个与吊钩回摆方向相反的力，从而逐渐消除摇摆。悬臂式起重机则利用臂杆跟进，称之为“找钩”，“找钩”的技巧在于跟进的距离与速度要恰到好处。跟进的速度不能太慢，否则会起反作用。这样通过来回几番操作，就能使吊钩和吊物处于相对稳定状态。

（2）准

准是指被吊物“落点准”“到位准”“估重准”。要做到“落点准”，操作人员必须对吊物所需通过的水平距离和垂直高度有准确的判断，并充分考虑起重机的性能和运动惯性。在操纵手柄时，要把握回零位的提前量，使吊物能够平稳准确到位。

对大型构件、机器、设备的起重安装，有时要求精确到毫米，这就是“到位准”。这时吊钩起升或下降要“微动”，只有充分掌握起重机性能，并有一定经验积累才能做到得心应手。“估重准”包含了一个很重要的安全理念，即不超载，要求司机估准吊物的重量。如果对吊物重量不能把握，起重机在超重、超力矩的状况下运作，则各机构和部件处于超常状态，有可能发生制动失效、钢丝绳断裂、吊车倾覆等恶性事故。操作人员应通过对吊物形状的测量，算出体积，再利用密度知识测算出吊物的重量，并在此基础上采取适当的臂距和操作方法。同时，在起吊阶段要缓慢，先使钢丝绳充分“吃劲”后慢速吊离地面，然后逐一加挡。

（3）快

快是指多吊、快吊，充分合理地发挥起重机应有的效能，提高劳动生产率。“快”必须建立在“稳”和“准”的基础上，更要建立在安全的基础上。但有时在起重操作中，并不是慢就安全、保险，有时恰恰需要快。例如，对于吊重物长距离的下降，操作中不允许使用反接制动极做长距离的低速下降，以免电器发热，导致事故。再如，起重机翻转大型工件作业，无论是“兜底翻”“游翻”还是“带翻”，都要求快，即被翻身物体在摆幅达最大的一瞬间，或在能自行翻转的瞬间，要求司机迅速落钩并同时配合回车。

63. 锅炉的运行调节

因受外界条件不断变化的影响，锅炉运行状况往往是不稳定的。因此，在运行过程中，要及时采取相应的措施来维持其运行的相对稳定。当外界条件和负荷发生变化时，应随时注意观察，对燃料供应量、通风量、给水量进行及时调节，以使锅炉的运行状况与外界负荷的变化相适应，确保其水位、压力、温度始终在控制范围内，实现安全和经济运行。

（1）水位调节

a. 锅炉操作工要随时注意观察锅炉水位的变化，当缺水时要及时补水。

b. 在锅炉运行中应做到补水平稳、均匀，因为水位的变化会使蒸汽压力、蒸汽温度发生波动。锅炉的正常水位一般在水位表中间，在运行时应根据负荷大小进行调整：在低负荷时，应稍高于正常水位，以免在负荷增加时造成低水位；在高负荷时，应稍低于正常水位，以免在负荷减小时造成高水位。

c. 给水的时间和方法要适当。给水的时间间隔过大，一次给水量过多，则汽压很难稳定，在燃烧减弱时给水，则会引起汽压下降。

d. 锅炉要保持两个水位表完整，指示正确，清晰易见，如发现问题，及时处理。

e. 当负荷变化较大时，可能会出现虚假水位：当负荷突然增加很多时，蒸发量不能很快跟上，造成汽压下降，水位会因锅筒内汽、水压力不平衡而出现先上升后下降的现象；当负荷突然减小很多时，水位会出现先下降后上升的现象。因此，在监视水位时，要正确判断，以免误操作。

f. 要注意监视水泵出口处的压力与锅炉的压力差，若其数值逐渐增大，应检查给水管路是否产生阻塞等，并给予及时处理。

（2）压力调节

a. 在锅炉运行时，必须经常监视压力表，保持蒸汽压力不得超过设计工作压力；要经常调整燃烧状态，使蒸发量满足供汽负荷的要求，保持蒸汽压力的稳定。

b. 当负荷增加时，汽压下降。如果此时水位高，就应先减小给水量或暂停给水，并增加燃料量和送风量，加强燃烧，提高蒸发量，满足负荷需要，使汽压和水位稳定在额定范围内，然后再按正常情况调节燃烧和给水量；如果水位低时，应先增加燃料量和送风量，在强化燃烧的同时，逐渐增加给水量，保持汽压和水位正常。

c. 当负荷减小时，汽压升高。如果此时水位高，就应先减小燃料量和送风量，减弱燃烧，再适当减小给水量或暂停给水，使汽压和水位稳定在额定范围内，然后再按正常情况调整燃烧和给水量；如果此时水位低，应先加大给水量，待水位正常后，再根据汽压和负荷情况，适当调整燃烧和给水量。

(3) 蒸汽温度调节

a. 有过热器的锅炉，要对过热蒸汽温度严格控制。因为，过热蒸汽温度偏低时，不利于热能的利用；超过额定值时，过热器管子会因过热而强度降低，影响安全运行。

b. 影响蒸汽温度变化的因素主要有：烟气放热和锅炉水位高低的变化。

烟气放热的影响：流经过热器的烟气温度升高、烟气量加大或烟气流速加快，都会使过热蒸汽温度升高。

锅炉水位高低变化的影响：水位高时，蒸汽带水分多，过热蒸汽温度下降；水位低时，蒸汽夹带水分少，过热蒸汽温度上升。小型锅炉过热蒸汽温度一般通过调节燃料量和送风量，改变燃烧状态来调节；大型锅炉则通过减温器来调节过热蒸汽温度。

c. 热水锅炉出水温度调节。在供热负荷不大时，用减弱燃烧的方法使出水温度较高的锅炉的水温降低；在供热负荷较大时，采取开大出水温度较高锅炉回水阀的方法调整。

(4) 燃烧调整

燃料量与空气量要保持合理配比，且充分混合；炉膛要尽量保持高温，要防止冷空气进入炉膛，减少热损失；监视排烟温度、CO_2 和 O_2 的含量，及时调整燃烧状态；要保持炉排运转平稳，防止出现不均匀燃烧，要保持炉膛负压操作，防止燃烧气体外泄而降低效率。此外，还要注意排污、除灰和清炉的操作。只有熟练地运用锅炉的这些正常调节，才能确保锅炉的安全、经济运行。

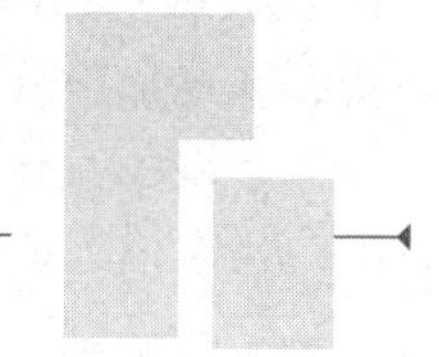

第三章

班组现场安全问题对策

本章导读

本章介绍的是班组现场安全问题的对策。班组在现场工作中会遇到千变万化的各种情况，要求企业的管理者，特别是班组长们在实际的现场工作中能够化险为夷，能够确保安全。本章利用17个方法，从控制人的不安全行为，重视物的不安全状态，以及采取正确的操作方法和保持良好的工作状态等方面，介绍最有效的现场安全问题管理对策。

本章还就班组人员现场作业前的安全确认，安全检查表的应用，以及隐患治理、作业精细化和劳动防护用品的正确使用做了介绍，为班组现场安全管理提供一定的方法和手段。

在班组现场安全管理中，应加强安全培训，提高员工安全意识；开展形式多样的安全活动，提高职工安全生产的自觉性、积极性及自我防护意识；加强班组安全员管理职能，增强班组安全管理力量；杜绝员工习惯性违章，避免人员责任事故的发生；加大反违章、反事故斗争力度，并持之以恒开展下去。

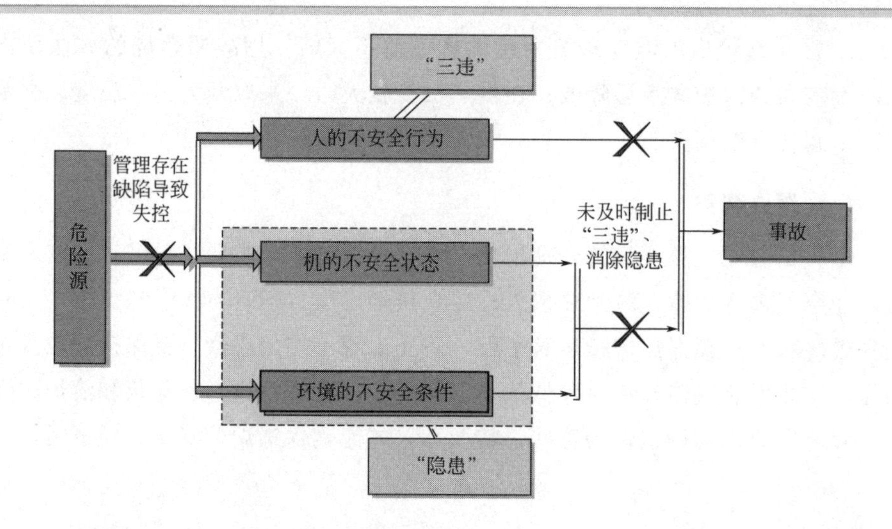

64. 现场必须控制人的不安全行为

（1）事故发生前人的心理状态

人在操作过程中为什么会出现失误？为什么其操作会存在缺陷呢？研究表明，在事故发生前，操作人员操作时往往存在以下几种心理状态：

a. 认为自己有经验，认为绝对安全而进行作业。b. 虽然感到有一些危险，但自认为无关紧要而继续进行作业。c. 虽然实际存在危险，但作业者当时没有感觉到危险而进行作业。d. 没有意识到有危险，或者说作业者没有估计到有危险而进行作业。e. 认为作业太简单，不用操什么心，只凭过去的经验就进行作业。f. 主观认为自己的操作方法是正确的，事故是由第三者及其他方面的错误引起的。

（2）人的不安全行为

a. 操作失误，忽视安全，忽视警告。具体表现为：未经允许开动、关停、移动机器；开动、关停机器时未给信号，开关未锁紧，造成意外转动、通电或泄漏等；在机器运转时进行加油、修理、检查、调整、焊接、清扫等工作；忘记关闭机器，任意开动已查封或非本工种的设备；忽视警告标志、基本信号；操作失误，如按钮、阀门、扳手、把柄的操作错误；超限（如超载、超速、超期限等）使用设备；酒后上岗作业；作业时精力不集中，情绪不稳定；在禁火区内擅自动用明火或吸烟；非特种作业人员从事特种作业等。

b. 用手代替工具进行操作。具体表现为：用手代替手动工具操作；用手清除铁屑；用手拿着工件进行机加工，而不用夹具固定。

c. 冒险进入危险场所。冒险进入地坑、地沟、地槽、压力容器、槽罐及一些半封闭场所；接近无安全措施的漏料处；未办理“受限空间安全作业证”进入油罐、气柜或窨井中；在起吊物下作业、停留；在绞车道、行车道上行走；非本岗位人员任意在危险、要害区域内逗留。

d. 攀、坐于不安全位置。如攀、坐于平台护栏、汽车挡板、吊车吊钩、建筑临边、孔洞口等不安全位置。

e. 未正确使用个人防护用品。具体表现为：该穿的不穿，如电气作业不穿绝缘鞋，电焊作业不穿白色帆布工作服；该戴的不戴，如高处作业不戴安全带、安全帽，在有颗粒飞溅的场合作业不戴防护镜，在有尘的场所不戴防尘口罩，在有毒气体区域作业不戴防毒面具，使用电动工具不戴绝缘手套；不该穿的乱穿，如铸造、锻造作业穿背心，在易燃、易爆、明火、高温等场所穿化纤服装，高处作业穿硬底鞋；不该戴的乱戴，如戴手套操作旋转机械。

f. 存放物体不当。特别是对易燃、易爆和有毒危险化学品存放不当。危险化学品的存放有明确的规定，在现阶段除了《危险化学品安全管理条例》外，还有一系列对危险化学品储存的国家标准，必须认真执行。

（3）控制人的不安全行为

a. 规范操作人员的安全行为。为克服人的不安全行为，就需要对人的作业行为有一定的约束，即针对人的不安全行为，制定规章制度和操作规程，规范操作者的行为，并经常教育操作人员自觉遵章守纪。每个企业都有一套比较完善的规章制度，特别是企业安全管理制度更是在《安全生产法》及其他安全有关规定、条例的要求下日益完善，但在一些班组中，有章不循、违章不究、管理不力的问题依然比较严重。因此，要注意以下几点：要结合本班组的具体情况和操作实际，使制度和规程具有针对性、操作性。要针对容易发生事故的重点岗位（部位），做出具体明确的规定。要从本企业及同行业的事故中吸取教训，在制定制度和规程时引以为鉴。必须使制定的制度和规程符合国家的法律、法规和标准的要求。

b. 发动班组成员共同制定章程。在制定符合员工安全行为的规章制度和操作规程时，切忌用硬性规定的办法，应发动班组全体成员充分讨论，达成共识，然后归纳整理作为班组全体员工的行为准则。这样，才能实现人人自觉遵守、相互监督的良好的班组安全生产氛围。

总之，控制人的不安全行为是班组安全的基本要求。第一，从心理上加以干预。第二，从生理上加以控制。第三，从生产技术上加以预防。

65. 现场不可忽视物的不安全状态

物的不安全状态也是导致事故发生的原因之一。因物的不安全状态引发的事故，一般是指物体以某种方式向外释放能量，并作用于人体和其他物体，导致人体受到伤害，其他物体遭到损坏。

（1）物的不安全状态的类型

a. 防护、保险、信号等装置不全或存在缺陷，如无防护罩或防护罩未在适当位置，无安全保险装置，无报警装置，无安全标志，电气装置带电部分裸露等。b. 设备、设施、工具、附件存在缺陷，包括设计不当，结构不符合安全要求，如制动装置有缺陷，工件有锋利毛刺、毛边等；强度不够，如起吊重物的绳索不符合安全要求等；设备在非正常状态下运行，如设备超负荷运转等；维修、调整不良，如设备保养不当、设备失灵等。c. 个人防护用品用具，如防护服、手套、护目镜及面罩、呼吸器官护具、听力护具、安全带、安全鞋等缺少或存有缺陷。d. 生产（施工）场地环境不良，如照明光线不良，通风不良，作业场所狭窄，作业场地杂乱，操作工序设计或配置不安全等。

在作业现场，由于存在这些物的不安全状态，随时都有发生事故的可能。如人被高速运转的机器轧伤、轧死；人遭坠落物体的打击而受伤害；易燃、易爆危险化学品在有火种、受碰撞的情况下引起火灾或爆炸；有毒有害物质的跑、冒、滴、漏，化工生产管道的泄漏极有可能造成作业人员中毒、窒息；物体堆放不妥容易使通道不畅、本身又容易倒塌等，都是物的不安全状态对人和其他物体造成危险的明显例子。

（2）加强对物的不安全状态的管理

a. 加强对作业场所的安全检查，及早发现问题，依靠本班组的力量或通过上级，及时妥善地整改。b. 加强生产设备管理，按规定做好设备和安全设施、防护装置的维护保养，使之始终保持良好的工作状态。c. 不断完善工艺设计，改善作业条件，尽可能地采用机械化、自动化作业，并不断改进操作方法。d. 设备布置、物料堆放要科学合理，保持通道畅通。e. 彻底清除与本班组工作无关的物品，及时清扫垃圾、废料，整理现场的原材料、产品和工具。f. 彻底清除火种等危险源。g. 正确穿戴和使用防护用具、用品。h. 改善作业场所的通风条件，维持适宜的温度、湿度和照明度。

总之，在班组安全生产工作中，对于班组物的不安全状态绝不能忽视，班组每周开展的安全活动，要把对物的不安全状态的管理列为活动的重点；班组员工每班按规定进行巡检，把对物的不安全状态列为巡检的重点，只有这样，物的不安全状态才能消除，班组的安全在物质上才能得到保障。

66. 班组员工要选择适宜的操作方式

调查发现，许多最普通的疾病都是因为作业姿势不适当引起的。例如，人们长期弯腰操作会造成腰酸背痛或肌肉和关节损伤；伴随着广泛使用的电子显示装置，视觉障碍正在增多。随着机械化和自动化程度的提高，人与操作装置、工具之间的协调性、安全性等问题也应充分考虑，应使操作装置和工具的设计符合人的生理、心理特点和操作要求，并能在使用时方便、省力、快速、安全。

（1）调整好作业姿势

a. 站立操作。有些操作需要十分用力且动作幅度大，如操纵某些特定形式的机器，就常常需要站着完成。站立一天会使双腿肌肉紧张引起疲劳，或因下肢血液回流不好导致腿部肿胀，作业中注意让脚下有足够的活动空间，以便能随时变换作业姿势，使脚所承受的力量均匀分配。在站立作业中，还要尽量避免弯腰躬背。因为弯腰躬背时，背部肌肉一直处在紧张状态，直立起来后，就会感到腰酸背痛。

b. 坐姿操作。坐姿时下肢处于比较放松的状态，与立姿比较，可以减少能量的消耗，减轻疲劳程度。采取坐姿时身体比较稳定，适合于从事精细作业。此外，坐姿状态不需要下肢支撑身体，可以用足或膝进行其他工作，如机动车驾驶。

良好的坐姿是：身体坐直，靠近工作台。因此，工作台面和工作椅子应设计得使肘部与台面在同一水平，使腰背伸直，双肩放松。对于精密工作，应尽可能设计一些可调节的支撑物或支撑面，用以支撑肘部、前臂或手，还要注意选择便于工作且与工作台的高度相适应的工作椅，椅子的高度可调。要有足够的空间使双腿能自由活动。

（2）适宜的操作装置和工具

a. 操作装置的选择。正确选择操作装置的类型，如精密、高速操作的机器用手控装置，操作力较大的机器用脚踏板；准确区别紧急状态和正常状态下使用的操作装置，可用色彩清晰的标签或防护装置来区分；操作程序应易于理解，要符合习惯，如电气设备的旋钮顺时针转动为“开”，阀门则逆时针转动手柄表示“开”。操作程序符合人的习惯非常重要。在紧急状态下，人们会按照习惯动作去操作，因此应确保操作方向与人们习惯的方向一致。如果购置的设备是进口的，不符合一般的操作习惯，则应清楚地标明“开”“关”的方向。

b. 工具的选择。操作中经常需要使用各种工具，如钳子、锤子、刀、钻、斧等。工具如果与人的操作及工作对象不相适宜，就会降低工作效率，影响人的健康。选择工具时应注意以下几点：避免使用较重的工具；在使用钳子等工具时，注意腕关节活动的角度；如果使用过程中需要利用工具的重力（锤子），工具的重心宜远离手部；使用工具时，应使操作者的手和上肢保持自然状态；操作时要容易拿住工具，一般用力大一些或使用时间长的工具，手握把柄的直径要大一些。工具还应具备外形美观、坚实耐用、使用安全等特点。

总之，选择适宜的操作方式，养成良好的站、坐姿，对保护员工的身体健康具有重要的作用。班组员工在作业过程中选择适宜的操作装置和工具，对于提高工作效率，减少操作失误，避免事故的发生，保障安全生产是有基础性作用的。

67. 班组员工要保持良好的工作状态

（1）引起作业疲劳的因素

疲劳与很多因素有关：作业强度越大，作业时间越长，人体就会越疲劳；人在不良作业环境中工作，很快就会进入疲劳状态，如工作场所高温或低温、照明不足、强烈的噪声等；作业中，如果技术不熟练也容易因过度紧张而导致疲劳；不正确的操作姿势更容易迅速导致局部疲劳。此外，作业者的不良生理、心理素质和精神因素也都容易导致疲劳。同样的作业条件、作业时间，老年工人、女职工就会比青壮年工人更容易出现疲劳。情绪焦虑、不安、有危险感、有过大责任感、对工作缺乏兴趣等都会引起疲劳。

（2）疲劳对作业安全的影响

a. 生理疲劳对作业的影响。生理疲劳表现为肌肉酸痛、肌肉活动失调等，对作业安全的影响是：感觉、视觉、听觉机能降低，作业时可能产生错觉；反应迟钝，作业时动作准确性下降；作业时注意力不集中，注意范围变小；思维能力降低，对故障的判断能力和应急反应能力明显下降。

b. 心理疲劳对作业的影响。心理疲劳表现为无精打采、心情烦躁等，对作业安全的影响是：作业时思维迟缓，懒于思考，忽视作业中的危险因素，这往往是导致伤害事故发生的潜在因素。因此，从事危险性作业，操作者要特别注意避免出现心理疲劳，一旦出现，就应该及时停止工作，适当休息，使疲劳消除，恢复精力和体力。

(3) 防止过度疲劳的措施

a. 要重视心理因素。长时间从事单调、乏味、紧张的工作，就会对工作产生“厌倦感”。因此，应根据操作者自身的心理特点，从事与之适合的工作；创造良好的工作条件，使操作者能够心情舒畅地工作。

b. 要改善作业时的姿势和体位，防止个别器官过度紧张。用力要合理，动作要对称，要有节奏、要自然，尽量借助体重来用力；操作也要合理化，尽量减少多余的动作；生产工具和加工物体要布局合理，以缩短操作行程，减少体能消耗。

c. 改善劳动环境和卫生条件。如改善作业场所的照明条件，消除或降低噪声，材料堆放整齐，保持作业场所空气畅通，使劳动舒适愉快。

总之，员工良好的工作状态是安全生产的保障，是完成工作任务的基石，企业领导、车间领导及班组长，要引导班组员工注意休息，注意消除疲劳，对从事的工作产生兴趣，干一行，爱一行，从内心深处热爱本职工作。这样对自己有好处、对班组有好处、对企业也有好处。

68. 运用作业确认制，确保班组生产安全

(1) 操作前的确认制

a. 认定这个操作“对象”的名称、作用是否能达到控制目标的要求，应确认一旦操作这个“对象”不致引起连锁反应或关联动作伤害他人。b. 在确认上面情况的前提下，完成必需的准备和程序以后，用右手手指指点该操作

“对象”并低声读出或默诵工作“对象”名称，无误后，方可操作。c. 非连续工作的岗位或非连续工作时，每天上班前首先上岗检查确认设备状态是否完好，无事故因素，方可操作。

(2) 联系呼应确认制

a. 全作业线由班组长、值班长统一指挥；两人或两人以上协同工作时，必须确认只能有一个指挥。b. 指挥人（或主操）向被指挥人（或配合工作的人）发出的工作指令要简短明确，被指挥人（或配合工作的人）要复诵无误后才能进行工作。c. 两人用电话或信号联系时，也必须实行以上的呼应制度，双方确认后，方可工作。涉及人身安全、全线、全厂性的联络，双方应将结果做好记录或录音。d. 接到上级关于能源的停送指令或其他工作指令时，应让对方重述指令，确切搞清对方姓名，辨认声音，做好记录或录音，才能传达该指令并组织实施。e. 在线调整或在线维修（包括事故或故障处理）时，线上操作人员必须听从调整人员或维修人员的指挥，贯彻呼应制度。无论是计划或事故处理，在维修时，维修人都应从操作人手中拿走操作牌，否则不能维修。f. 涉及全厂性非事故的能源的停、送，必须经厂部机动或生产部门确认，报厂主管生产的领导同意后，方可进行。g. 全厂重点设备的开、停，必须经当班班组长确认，由班组长征得车间机、电、动、仪当班负责人的检查确认，并签字同意后方可进行。h. 在有毒、易燃、易爆等隐蔽处（如炉内、容器内、地沟内、地槽内、地下室内等），或认为不安全的地方工作时，要得到厂安全监管部门的确认，进入容器设备内检修，必须办理“进入受限空间作业证”，经审核批准方可进行。作业要由两人或两人以上的人员去实施，应一人操作，一人安全监护。禁止一人进入容器设备内工作而无监护人。i. 在易燃、易爆区进行焊接作业（或动火作业）前，应由焊接作业班组向所在车间或厂安全监管部门申请办理“动火作业证”，经分析合格，各方签字认可，并设专人监护方可动火。

(3) 行走确认制

a. 在车间内，行人一般必须沿着预先规定的交通通道行走，在行走时要注意前方和听力、视力空间的声光是否正常，在换方向时必须先左右、前后、上下看一看，确认安全后，方可前行。遇到天车吊装物体的车辆行走时，必须避让。

b. 天车司机开车时必须确认轨道上无障碍物，或排除障碍后才能运行。运行中必须确认吊装物体不能在人头顶和设备上进行。在吊装物体靠近人时要鸣笛警告。

c. 机动车（包括电瓶车、叉车、小平车和电动汽车）在厂内不准快速行驶。一般只允许在主通道上行驶，如需在支道上行驶，也只能沿支道上的人行以外道路行走。机动车上禁止站、蹲人。

d. 在厂外，应按交通规则确认后，方可通行。过铁道口要“一站、二看、三通过”，严禁钻穿栏杆、抢道。

总之，班组作业实行确认制，能确保生产安全，一是操作前的确认制，二是联系呼应确认制，三是行走确认制。在作业前把这三个确认制落实到位，那么，作业操作就比较安全了。

69. 班组如何克服不安全行为

（1）对新上岗人员的预测

a. 对本专业本工种爱好与否；b. 思想情绪是否稳定，事业心和责任心如何；c. 对本工种本岗位的设备、生产工艺、安全操作技术的熟练程度以及周围环境的熟悉程度；d. 对本岗位其他工作人员，尤其是与老工人和师傅的相互关系，感情如何。

经过以上全方位预测后，对于不同的预测结果采取不同的安全措施，以控制人身事故的发生。例如，预测甲，文化水平低，但身体较好，可是干起活来比较粗心大意，那么这种人只能安排在一些技术比较简单的岗位上，不能安排在控制复杂、生产工艺要求严格的岗位上，并且不要一人单独操作。预测乙，对本专业本岗位不热爱，与工作班组其他成员配合不好，则应采取另行安排其他工作的措施。

(2) 对特种作业人员的预测

家庭生活状况：家庭成员组成及其和睦情况，经济状况、吃住条件等，每天是否得到充分休息。文化程度和专业技术素质：特种作业人员起码要具备初中以上的文化，并且掌握相应的专业知识，操作技术熟练，有预防事故的能力。事业心和责任心：特种作业岗位是安全生产的重要岗位，因此事业心和责任心要强。身体状况及遵章守纪的自觉性要好：特种作业工人要时刻保持旺盛的精力和最佳身体状况，视力、血压、心脏、脑力等都应处于健康状态，在工作岗位上能严格执行各种规章制度及操作流程。如果发现有不利因素，应立即采取相应的安全措施，严重者要调离工作岗位。

(3) 对非常规作业和采用新工艺、新设备、新技术的人员的预测

a. 有无安全生产经验，安全生产常识是否了解，对于突发情况有无防御能力。b. 反应速度快慢及每个人的智商高低。c. 对新工艺、新材料、新设备的了解程度和操纵设备的熟练程度。d. 对周围环境是否熟悉，尤其是易燃、易爆物品和设施等。e. 全体参与人员相互之间是否协调，有无利害冲突。

总之，在预测后，要按作业要求对人员进行组织分工，必要时设安全专业人员担任指挥，要有事故预防措施和应急措施。这样班组安全生产就有了保障。

70. 班组做好施工现场安全工作的做法

(1) 建立切实可行的班组安全规章制度

安全管理离不开制度，但仅仅靠制度也绝不是好的管理。制度是什么？制度是企业组织中所有成员一切分工合作的基本规范，是成员在组织中的行为规范。任何成员的行为都要遵守企业的制度。制度是要大家来遵守的，所以，让人能够接受、自觉遵守的才是好制度。

首先，明确班组成员的职责分工。把工作中每一个环节的责任落实到每一个员工身上，做到“凡事有人负责”，培养每一个员工的责任意识。责任是对国家、事业的庄重承诺，对公司的每个员工而言，就是要把岗位职责放在首位，坚持局部服从整体、小局服从大局，以主动、负责的精神去做好本职工作，自觉保持严肃的态度，自觉遵守严明的纪律，自觉服从严格的要求，自觉弘扬严谨的作风，做到人司其职、人尽其责。同时要将每个人的职责公开化，让员工之间起到相互监督、相互促进的作用，一旦有异常事件发生，严格按照每个人的职责进行问责，做到公平、公正、公开。

其次，注重规章制度的可操作性。作为制度制定人员，在建立制度之前应进行深入了解和分析，把所要管理的工作各个环节、步骤、方面进行层层细分，抓住管理的主线，纲举目张。在实施各项安全管理制度的同时进行及时反馈，制度规定部门应多与班组员工进行沟通，及时调整规章制度中不合理的地方。对于任何一个工作都要有一个标准来进行规范和约束，如果不能进行衡量将无法进行管理，有了既定的标准则可以提高员工的工作质量和效率，对员工的考核也会有比较客观的依据。做到规章制度简洁、明确、可操作，摒弃大话、空话，一切从实际出发，一旦遇到问题则严格按照规章制度执行。只有这样的制度才具有威慑力，才能够真正发挥其作用。

最后，用“奖惩”来鞭策和激励员工。人的自我约束和管理能力是有限的，潜意识里是不愿受约束的，几次违反安全制度而没有受到及时处罚后，便会产生“制度无所谓，反正违反了也没有什么了不起”的想法，慢慢对制度的严肃性持无视态度，导致规章制度最终流于形式，成为一纸空文。在进行奖励时，要以一定时期内的总体安全工作表现为依据，定期评估来做出判断，对表现突出的员工可以给予荣誉奖励加上一定的物质奖励，谁都想自己的工作受到肯定，这样可以极大地调动员工的积极性，从而也就提高了员工的工作效率。

(2) 选好头雁，配备较高素质的班组长

俗话说“兵熊熊一个，将熊熊一窝”，班组长作为班组的直接领导，是一个班组发展的灵魂，起着承上启下的作用，一个好的班组长能够使自己的团队士气高昂，使员工在生产工作中产生 1+1>2 的效果。

首先，班长作为班组的领路人，自身必须具备较强的专业素养。对班组所从事的工作要全面了解掌握，熟悉工作的每一个流程步骤，善于发现班组工作中存在的问题，及时对员工工作进行分析、指导、讨论，能够应对各种工作中出现的状况，找到合理的解决方案，并且及时对团队工作做出经验总结，尽可能地规避员工出现同样的错误。同时充分调动和发挥班组内技术尖子、业务能手和老同志的“传、帮、带”作用，将他们业务上的“绝技”，工作中的高招，安全上的经验传授给职工。

其次，班组长要做到以身作则。班组长首先要“坐得正、行得端”，通过自己的言传身教引导职工干标准活、说标准话、创安全岗，教育职工爱岗敬业、诚实守信、优质服务，督促职工严格自律、遵章守纪、规范行为，确保安全生产任务的完成。在日常工作中，班组长要严格管理，照章办事，不徇私情，对于管理上存有不同意见的工友，要通过摆事实、讲道理，耐心细致地做好思想政治工作，以理服人，潜移默化地教育职工，绝不能以权压人、以罚代教。

再次，班组长要搞好团结工作。建立班组学习制度，营造全员学习、团队学习、全程学习的良好氛围，不断提高班组职工的整体素质。同时班组长要时刻把工友们的冷暖放在心上，从小事入手，从细节着眼。谁工作、学习、生活中遇到了困难，要发动职工们帮一帮；谁思想上有了疙瘩，要主动找他谈一谈；谁犯了错误，要从多方面引一引，促其整改。

最后，班组长要做好上下级联系工作。班组内发生的事情及员工有什么意见、要求、建议要及时进行反馈，与上级积极沟通，为班组成员办实事。同样上级领导有什么工作指示等，也要及时准确地传达给员工，发生误会要及时进行沟通解决。

(3) 人才兴企，不断提高员工素质

企业千条线，班组一针穿。企业所有的管理活动最终都要落实到班组每一个成员身上，班组生产作业活动的质量和员工队伍的素质是企业生产经营活动质量的决定因素。因此要加强班组建设，就必须把全面提高企业员工素质作为一项重要工作来抓。

首先，在员工入职之前要进行一系列的入职培训，向员工宣讲企业安全文化、作业流程、注意事项等，并进行考核，合格之后方可入职，尤其是特殊工种更应该严格考查。特殊工种对安全工作的质量及安全要求之高是其他工种无法比拟的，因此要更加注重员工的基本素质，从最基层抓起，才能夯实基础，保证上层建筑的稳固。

其次，在日常工作中，对员工进行定期培训考核。通过培训增加员工知识的深度、广度，同时也可解决一下工作中存在的问题等，让员工对自身工作有深刻的理解。尤其要采取各种方式对班组长进行培训，使班组长能较完整地了解企业的安全理念，安全的有关规定、政策等，提高班组长的认知层次。考核内容要联系实际而不只是一些理论性的东西，可以考查一些工作中容易忽略的细节问题等，不断加强员工对工作流程的熟练程度。通过考核可以防止一些员工疏忽大意或无视规定的现象。同时，可把培训同考核、评比、奖励等有机结合，使其发挥更大的效用，以提高班组整体水平，推动班组建设向高标准发展。

（4）以人为本，兼顾员工生活条件建设

人都是感情动物，日常生活中的情绪也会很大程度上影响工作的发挥，因此企业应站在员工的角度考虑，为员工创造尽可能人性化的生活条件。员工工作之外的问题得到解决，才能够全身心投入到工作中，积极性才能够提高，也才更加具有归属感。企业能培养人、用好人进一步留住人，才能够稳固发展。企业尤其是危险性大的企业一般地理位置都比较偏远，员工人际关系简单，生活比较枯燥单调，因此企业更应该注重丰富员工日常生活，对员工进行人文关怀，让员工在企业找到家的感觉，才能够不使企业人才大幅流失。可以建立员工服务中心，帮助员工解决日常生活中遇到的种种问题；可以建立小型图书馆等让员工在业余时间进行自主学习；可以多修建娱乐设施等，鼓励员工进行体育运动，强身健体。这些都是双赢的，一方面让员工感觉到企业的人性化关怀，另一方面提高员工各方面素质，对企业发展也是很好的助力。

（5）重中之重，做好班组安全管理

安全，就是“保障安全”“安全为上”“安全稳定”。安全是班组持续发展、健康发展的生命线。班组应始终坚持把安全放在首位，通过完善安全生产体系，构建安全文化，让班组的每一个成员都承担起安全的责任，为员工和社会提供安全、健康、环保的工作环境。员工要时刻想到自己的工作关系企业的安全稳定运行，关系人民群众和国家的安全，关系个人和家庭的幸福，工作中应严格遵章守纪、不存侥幸心理。企业应不断提高生产经营的安全性，增强员工生命的安全度，为社会提供安全和谐的良好发展环境。

① 建立安全生产规章制度。建立完善的安全生产规章制度，是班组安全生产的前提。“制度第一，管理第二”，制度在班组安全管理中起着至关重要的基础性作用。同样，安全生产的管理也离不开安全生产规章制度的建立和完善。班组不仅要有行业通用的安全生产规定标准，还需根据班组自身工作内容建立和完善班组内部的安全生产规章制度。班组安全生产规章制度的建立要坚持以人为本、从严管理、有奖有惩的原则，以调动职工的安全生产积极性，提高职工的安全意识，保证班组的安全生产为目的。

② 实施标准化作业流程。班组总是在一天又一天地重复同样的工作，海尔集团总裁张瑞敏曾经说过：“把千百遍的简单的事情做好、做对，就是不简单。”然而在实际工作过程中，往往因为一些员工思想上的麻痹大意，在一些

简单的工作中引发大事故，而对于安全这种要求极其严谨的工作更应该时刻谨记标准要求，杜绝违章、麻痹、不负责任。随着企业的发展，以标准化作业来规范班组安全的全过程至关重要。实施标准化作业旨在使班组的工作行程制度化、程序化、科学化，将班组成员的工作程序、工作方法做统一规定，成为班组成员共同遵守的职责，使班组能优质、平稳、均衡、高效、低耗、安全地完成生产任务。

③ 增强职工的安全生产意识。很多事故都是由人的安全意识淡薄、一时疏忽引起的，所以提高员工安全生产意识是安全生产的重中之重。班组长可在每日班前会上强调安全规章，在作业区域悬挂警示性标示，组织学习单位内外已有事故通报，进行事故分析；安监部门加强日常巡检等都是有效的安全管理措施。安全意识的培养，要结合实际工作进行，要养成在工作前进行危险点分析的习惯，工作中员工之间养成相互关心、相互提醒的习惯，要形成“人人讲安全，时时讲安全，事事讲安全”的工作氛围。一旦发现违规行为要立即制止并举一反三进行现场安全教育，从而增强班组安全意识。只有安全意识强的班组安全建设水平才能螺旋式上升，企业才能够更好、更快地发展。

71. 班组隐患治理的原则与措施

班组是企业的最小组织、最小单位、最基本的管理单元。在治理事故隐患、确保安全生产的工作中，班组起着非常重要的作用。

(1) 对事故隐患治理的原则

a. 彻底消除原则。即采用无危险的设备和技术进行生产，实现系统的本质安全。这样，即使由于人的操作失误或个别部件发生故障，都会因有完善的安全保护装置而避免伤亡事故的发生。

b. 降低隐患危害程度原则。若事故隐患由于某种原因一时无法消除，应使隐患危害程度降低到人可以接受的水平。如作业场所中粉尘不能完全排出，可以通过加强通风和使用个人防护用品，达到降低吸入量、保护人体免遭伤害的目的。

c. 屏蔽和时间防护原则。屏蔽就是在隐患危害作用的范围内设置屏障，如吸收放射线的铅屏蔽等。时间防护就是使人在隐患危害作用环境中的工作时间尽量缩短到安全限度之内。

d. 距离和不接近原则。对带电体应保持一定的距离，为此，规定了各级电压的安全距离。对危险化学品、石油化工生产企业易燃、易爆物品储罐与建筑物的防火距离，根据罐体的容积、罐内物料的性质，规定一定的防火距离。对于危险因素作用的区域，规定一般人员不得擅自进入。

e. 取代、停用原则。对无法消除隐患的危险场所，应采用自动控制装置或机器代替人进行操作，人员远离现场，进行遥控，现在常用的是集散控制系统（DCS)。

(2) 对事故隐患的治理措施

a. 技术措施。主要包括：采用自动化、机械化作业；完善安全装置，如安全闭锁装置、紧急控制装置，按规定设置安全护栏、围板、护罩等；电气设备的接地、断路、绝缘、屏蔽；作业场所必需的通风换气，足够的照明，或必要的遮光；符合规定要求的个人防护用品；危险区域或设备上设置警示标志等。

b. 管理措施。强化现场监督，建立安全流动岗哨；实现标准化作业，规范操作者的安全行为；开展“四不伤害”活动；坚持安全确认制，坚持开工前的安全确认、危险作业安全确认；推广班组安全文化，提高安全意识；加大安全技能训练，夯实安全作业基础；实施班组安全目标管理，实行安全奖罚制度等。

c. 个体措施。班组每个操作者在操作前要进行自我安全思考。也就是要求班组每一个操作者在进入现场工作前，首先进行自我安全提问、自我安全思考；其次进行自我安全责任思考，考虑万一发生事故，自己应该怎样做，如何将事故的危害程度和损失降至最低。

总之，班组要想做到安全生产，必须彻底治理隐患，只有隐患全都消除了，班组的安全生产才能得以保障。明确治理隐患应遵循的原则，采取切实可行的治理措施，班组就能安稳而无危险、无伤害。

72. 班组动火作业安全注意事项

① 将动火区周围设备、管道、地面上的油污等易燃物清除干净，下水道、窨井口、电缆沟等应予封闭。

② 凡存有易燃、易爆、有毒等有危害性气体的容器设备、管道，动火前必须用氮气、蒸汽等置换、清洗干净，隔绝气体来源，堵好盲板，可能时拆下一段管道与生产系统彻底隔离，经化验分析确认无中毒、无着火和爆炸危害时方准动火，并应随时做好分析记录。

③ 动火分析的取样点由动火所在单位的专（兼）职安全员或当班班长负责提出。

④ 动火分析的取样点要有代表性，特殊动火的分析样品应保留到动火结束。

⑤ 取样时间与动火时间间隔不得超过30min，如超过此间隔或动火作业中断的时间超过30min，必须重新取样分析。

⑥ 使用测爆仪或其他类似手段进行分析时，检测设备必须经被测对象的标准气体样品标定合格。

⑦ 如使用测爆仪或其他类似手段，被测的气体或蒸气浓度应小于或等于爆炸下限的20%（体积分数，下同）。

⑧ 使用其他分析手段时，被测的气体或蒸气的爆炸下限大于4%时，其被测浓度小于等于0.5%；当被测的气体或蒸气的爆炸下限小于4%时，其被测浓度小于等于0.2%。

⑨ 在设备、容器、管道、地沟等内动火作业严格执行厂区设备内作业安全规程和厂区动火作业安全规程。动火人、监护人必须具备防火、防爆、防毒知识，会熟练使用防毒器材。

⑩ 必须使用良好的工具及设备、完善的安全附件和安全装置才能动火。使用气焊焊割动火时，氧气瓶与乙炔瓶间距应不小于5m，二者与动火作业地点均应不小于10m，并不准在烈日下暴晒。

⑪ 高处动火作业时，必须严格执行厂区高处作业安全规程。五级风以上（含五级风）天气，禁止露天和高处动火作业。

⑫ 焊接时接线必须符合有关规程要求。气焊、气割、电焊工无《特种作业人员操作证》，严禁作业。

⑬ 特级动火作业时，消防队必须到现场监护。一级动火作业，必要时消防队也到现场监护。

⑭ 动火结束后，必须检查现场有无遗留火种，切断电源，在确认无问题后方可离开动火现场。

⑮ 严格执行厂区动火作业安全规程。

⑯ 指定专人在现场检查和监护。

⑰ 作业前先检查电焊和气割工具，保证管线无漏气、漏电现象。

⑱ 检查电焊设备和工具，保证其绝缘和焊机外壳的接地良好；各种气瓶连接处、胶管接头、减压器等严禁沾染油脂。

⑲ 作业完毕后用水喷洒，清除残留物，并指定专人现场观察1h，发现异常立即处理；作业前将水管接到焊接位置并保证可以随时使用。

⑳ 配备专用灭火器。

㉑ 安全员与监护员要跟班作业监督，并配备便携式检测仪，到达指定作业地点后要及时通知安全调度。

73. 高处作业过程中的安全要求

a. 雨天和雾天进行高处作业时，应采取可靠的防滑、防寒和防冻措施。凡水、冰、霜、雪均应及时清除。对进行高处作业的高耸建筑物，应事先设置避雷设施。遇有6级以上强风、浓雾等恶劣天气，不得进行特级高处作业、露天攀登与悬空高处作业。暴风雨及台风暴雨后，应对高处作业安全设施逐一加以检查，发现松动、变形、损坏或脱落等现象，应立即修理完善。

b. 在靠近有毒、有害气体，粉尘的放空管线或烟囱的场所进行高处作业时，作业点的有毒物浓度应在允许范围内，并采取有效的防范措施。在紧急状态下，按照应急预案进行处置。

c. 带电高处作业应符合国家标准《用电安全导则》（GB/T 13869—2017）的有关要求。高处作业涉及临时用电时应符合《施工现场临时用电安全技术规范（附条文说明）》（JGJ 46—2005）的有关要求。

d. 高处作业应与地面保持紧密的联系，根据作业现场的实际情况配备必要的联络工具，并指定专人负责联系。尤其是在危险化学品生产、储存场所或附近有放空管线的位置进行高处作业时，应为作业人员配备必要的空气呼吸器、过滤式防毒面具、长管式防毒面具或防毒口罩等，应事先与车间负责人或工长取得联系，确定联络方式，并将联络方式填入“高处安全作业证”的补充措施栏内。

e. 高处作业人员不得在高处作业处休息。

f. 高处作业与其他作业交叉进行时，应按指定的路线上下，不能上下垂直作业，确需垂直作业，必须采取可靠的隔离措施。

g. 在采取地（零）电位或等（同）电位作业方式进行带电高处作业时，应使用绝缘工具或穿均压服。

h. 发现高处作业的安全技术措施有缺陷和隐患时，应及时解决；危及人身安全时，应立即停止作业。

i. 高处作业人员在作业中如果发现情况异常，应发出信号，并迅速撤离现场。

74. 受限空间作业安全措施

针对受限空间作业的危险性，要制定切实可行的预防措施，采取多种措施消除事故发生的必要条件，将危险控制在可接受范围内。在进行受限空间检维修作业过程中，严格办理各类作业票证，针对每一项有危险性的作业活动采取有效的控制措施，项目负责人、监护人以及各级安全监管人员要各司其职，确保安全措施落实后再进行作业。

① 加强对作业人员和救援人员应急知识的培训，使其了解中毒、窒息等事故可能发生的场所、危害性、特点，掌握自救、互救知识，防止盲目施救。特别是要加强对从事清淤、维修作业的外来务工人员的安全生产和应急知识培训，提高安全意识和应急处置能力。

② 加强安全保障措施，制定和完善进入受限空间作业安全管理制度。各类清污作业人员在进入污水管道、窨井、污水泵站、污水池、纸浆池、粪池、地窖等场所进行作业时，单位应制定相应的许可程序、安全规程、应急预案，明确相关人员职责，加强现场监护，监测作业场所有毒、有害气体变化情况。同时，作业人员应佩戴必要的防护装备。

③ 完善安全生产责任制，避免因建设项目层层转包导致出现安全监管缺失、管理盲区等情况。对转包工程应强化安全监管，明确转包方和承包方各自的安全职责，严格落实相关单位、人员的安全责任。

④ 加大安全投入，提高应急能力。各类生产经营单位要根据本单位的实际情况，为从业人员配备防毒面具、空气呼吸器等防护装备以及有毒、有害气体检测仪器，定期检查防护、救援器材，保证其处于正常状态。不断完善安全设施，实现本质安全。

⑤ 科学开展应急演练。单位应根据自身特点开展有针对性的应急预案演练，使职工熟练掌握逃生、自救、互救方法，熟悉单位以及本岗位应急预案内容，提高单位应对突发事件的处置能力。

⑥ 所有与外界连通的管道、阀门均应与外界有效隔离，可采用插入盲板

或拆除一段管道进行隔离，不能用水封或关阀门进行隔离。作业前应切断所有与设备相连的动力电，并在操作按钮上悬挂“有人工作”的警示牌。

⑦ 进入受限空间作业前，确保氧含量19.5%以上，并进行彻底清理，进入盛装过易燃、易爆、有毒、有害物质的设备内作业时，必须用压缩空气进行置换，分析合格后方可作业。作业过程中持续向受限空间通空气，防止内部缺氧。定时检测，情况异常立即停止作业，撤离人员。涂刷具有挥发性溶剂的涂料时，每小时分析一次，并采取可靠的通风措施。

⑧ 作业过程中要及时清理受限空间入口周围的工器具，确需递送工器具时要用绳索吊送，严禁上下抛掷。进入受限空间的所有作业人员必须穿戴齐全劳动防护用品。进入不能达到清洗和置换要求的空间作业时，应佩戴隔离式防毒面具或空气呼吸器。在易燃、易爆环境中，应使用防爆灯具和工具。

⑨ 受限空间内照明设备应使用小于等于36V的安全电压，在潮湿容器、狭小容器内作业应使用小于等于12V的安全电压。使用超过安全电压的手持电动工具，必须按规定配备漏电保护器。临时用电线路装置，应按规定架设和拆除，保证线路绝缘良好。

⑩ 现场要备有空气呼吸器（氧气呼吸器）、消防器材和清水等相应的急救用品。进入受限空间内作业人员必须是无职业禁忌证的健康人员，酒后或带病人员严禁进入受限空间内作业。

⑪ 进受限空间内作业必须设专人监护，严格履行监护人的职责，不得随意离开现场，如果作业人员晕倒，应在第一时间内实施抢救。受限空间内登高作业属于特殊登高作业，必须佩戴安全带，将安全带挂钩挂在合适的位置（注意不要挂在传动设备上），符合高挂低用的使用要求。

⑫ 进受限空间内进行抢救时，救护人员必须做好自身的防护，确保自身安全的前提下方能进受限空间内实施抢救。

⑬ 不准向受限空间内充氧气或富氧空气，防止发生火灾、爆炸事故，使用电气焊作业时，焊接用具必须安全可靠，完整无损；使用气焊时，随用随放，用后立即提出设备外，严禁在设备内存放。焊机必须加装漏电保护器，保持焊机的干燥和清洁，电源线和接地线符合使用要求。

⑭ 受限空间内存在的有毒、有害物料确实无法处理时，必须经有关部门批准，采取安全可靠的措施后，方可进入受限空间内作业。

75. 使用安全帽的注意事项

员工生产作业中头部受到的伤害，一是来源于物体打击的伤害；二是高处坠落物体的伤害；三是机械性损伤。

（1）安全帽的防护机理

a. 缓冲作用。帽壳与帽衬之间有 25～50mm 的间隙，当物体打击安全帽时，帽壳不会因受力变形而直接影响到头顶部。

b. 分散应力作用。帽壳为椭圆形或半球形，表面光滑，当物体坠落在帽壳上时，不能停留，立即滑落；帽壳打击点的应力向四周传递，通过帽衬缓冲减小的力可达 2/3 以上，其余的从帽衬的整个面积传递给人的头盖骨，这样就把着力点变成了着力面，从而避免了冲击力在帽壳上某点集中，减小了单位面积的受力强度。

c. 符合生物力学。国家标准《安全帽》（GB 2811—2019）规定安全帽必须能吸收 4.9kN 的力。这是生物学试验时，人体颈椎在受力时不受伤害的最大值，超过此值轻者引起瘫痪，重者危及生命。

（2）安全帽的性能

a. 基本性能。冲击吸收性能：按规定方法，经高温、低温、浸水、辐照预处理后进行冲击测试，传递到头模上的力不超过 4900N，帽壳不得有碎片脱落。耐穿刺性能：按规定方法，经高温、低温、浸水、辐照预处理后进行穿刺测试，钢锥不得接触头模表面，帽壳不得有碎片脱落。下颌带的强度：按规定方法测试，下颌带断裂时的力应为150～250N。

b. 特殊性能。电绝缘性能：按规定方法测试，泄漏电流应不超过1.2mA。阻燃性能：按规定方法测试，续燃时间不超过5s，帽壳不得烧穿。侧向刚度：按规定方法测试，最大变形不超过40mm，残余变形不超过15mm，帽壳不得有碎片脱落。抗静电性能：按规定方法测试，表面电阻不大于$1\times10^9\Omega$。耐低温性能：低温（−20℃）预处理后进行冲击测试，传递到头模的力不超过4900N，帽壳不得有碎片脱落；再用另一样品经低温（−20℃）预处理后进行穿刺测试，钢锥不得接触头模表面，帽壳不得有碎片脱落。

(3) 安全帽安全使用

a. 佩戴前，应检查安全帽各配件有无破损、装配是否牢固、帽衬调节部分是否卡紧、插口是否牢靠、绳带是否系紧等，若帽衬与帽壳之间的距离不在25～50mm之间，应用顶绳调节到规定的范围。确保各部件完好后方可使用。

b. 根据使用者头的大小，将帽箍长度调节到适宜位置（松紧适度）。高处作业人员佩戴的安全帽，要有下颌带和后颈箍，并应拴牢，以防帽子滑落和脱掉。

c. 安全帽在使用时受到较大的冲击后，无论是否发现帽壳有明显的裂纹或变形，都应停止使用，更换受损的安全帽。一般安全帽使用期限不超过3年。

d. 安全帽不应储存在有酸碱、高温（50℃以上）、阳光、潮湿等处，要避免重物挤压或尖物碰刺。

e. 帽壳与帽衬可用冷水、温水（低于50℃）洗涤。不可放在暖气上烘烤，以防帽壳变形。

76. 安全检查表的编制与运用

(1) 现场安全检查表的性质与作用

在现场管理体系中，安全检查表包含了班组应执行的HSE（健康、安全、环境三位一体的管理体系）程序文件的大部分内容，它既是若干程序文件的结

合和简化，又是程序条款的具体化。单就现场安全检查表来说，它包括了程序文件中“安全管理”“消防管理”“环境保护”“设备管理”“职业健康”“风险评价”“工作记录控制”等应由操作岗、班组管理岗遵守的整个程序文件的内容，还包括了“岗位责任制”“巡回检查制”等日常管理制度的许多内容。它的突出特点是将项目风险中预见的各种可能危害和危险点源、可能导致危害的各种因素转化为各岗位的关键任务，又把关键任务分解为本岗位操作和管理应着重控制的若干点和项。一个班组所有岗位安全检查表的总和，就形成了对作业全过程健康、安全、环境、消防的全面控制，实现了对重点风险多层覆盖的有效管理。一套好的并且真正认真执行的安全检查表，在安全管理中可以起到强化员工安全责任意识、落实程序文件和管理制度、预防风险危害发生的重要作用。

(2) 安全检查表的编写原则与方法

a. 安全检查表的编写原则。推行安全检查表是班组作业全面执行程序文件、保证安全生产的有力措施。因此，编写安全检查表必须研究作业过程安全生产的一般规律，抓住岗位特点、突出安全重点。其编写原则应当是由下而上、层层覆盖。检查设定的内容应该做到：操作岗“点多、项少、面窄”；管理岗逐级“增项、扩面、减点”。达到面面俱到，重点层层覆盖，检查工作量大体平衡的预定目的。

b. 安全检查表的编写方法。需要编制安全检查表的岗位范围：一般来说，班组操作岗位要从安全管理的需要出发，所有现场直接涉及安全、健康、环境、消防的操作、管理岗位，都应当编制安全检查表。

安全检查表包括的内容：为了达到全面覆盖的目的，操作岗位应以本岗位作业操作规程、职责分工和巡回检查路线为基本检查面，理出有关设备运转、防护设施、防火、防爆、防漏电、防污染、防人身事故等点和项，作为安全检查内容列入安全检查表。班组长应当以班组工作区域和所属各岗位使用设备为基本检查面，在各岗位安全检查表的基础上，理出班组长应当检查的事项和关键点，加上下属岗位安全检查表的检查情况，作为安全检查内容列入安全检查表。班组安全管理，应当以项目风险评价结果和本身的管理职责作为基本检查面，理出整个作业现场应当检查的事项、HSE 管理的重点要害点项，作为安全检查内容列入安全检查表。

需要说明的是，班组长、管理者的检查内容，在重点要害点项上，与其下级应当有一定的重复检查内容。这是管理者责任的表现。但是，各操作者之间的安全检查内容，应当尽量避免交叉和重复。这也是为了强调员工个人的安全责任。

c. 编写安全检查表的程序。安全检查表是 HSE 程序文件的综合和简化，是风险危害具体的预防措施。因此，在编写前要熟悉有关程序文件条款，事先要对作业过程进行风险评价，要对每个岗位进行具体的风险分析，找出危险因素，把这些危险因素作为检查的重点，然后再确定检查内容。编写时，要注意听取操作者的意见，吸取以往安全生产上的经验教训。

d. 安全检查表问题设定的形式。班组不同，作业性质不同，安全检查表问题设定应当不同。一是检查的项目设定要明确、简洁，使用肯定性的词语，能够定量的问题应当定量，并且可以用“是”或者“否”来回答。例如检查间隙，题目应设定为“间隙保持 2～3mm”，检查温度，题目应设定为“温度为 45～60℃”，而不应笼统地设定为间隙、温度“符合要求”。二是适合检查间隔时间的要求。操作岗每班都要检查，设定的检查项目应当是日常必需的，情况随时可能发生变化的问题，不应当列出类似“安装符合标准”这样一次完成、不需要天天检查的问题；反之，管理者一般是不定期的间断检查，检查项目应当列出操作岗位不经常注意，而在一定时期内有可能发生变化的基础性问题。三是要适合检查人员的身份。操作者和管理者身份不同，职责不同，问题设定要有区别。操作者只针对具体事物，不能加上管理性质的问题。管理者要包括检查人的行为现象，例如有无违章作业问题。四是注意把握 HSE 的重点。安全检查表的主要功能是防范事故，一定要围绕安全管理这个中心，不要把无关的纯属行政管理的问题统统列进去，防止无谓地加大安全检查工作量，冲淡安全管理。

(3) 安全检查表在实际安全管理中的应用

推行安全检查表的经验证明，安全检查表编写水平与实际应用的关系极大。编写水平高，适用性强，员工认为管用，推行应用就比较容易。反之，编写脱离实际，内容偏重形式，员工反感，则难以推行开来。所以，首先要把安全检查表编写好。其次，在应用中要抓好以下几个环节：

a. 要求检查者按照安全检查表规定的点和项，走到、看到、查到、记录下来，杜绝弄虚作假、填写假资料。

b. 上级检查时必须先对下一级的安全检查表填写记录情况进行检查，并对其中部分项目进行抽查，验证下级检查情况，之后再按自己安全检查表规定的点和项，走到、看到、查到、记录下来。特别是那些不放心的地方，一定要查到。

c. 及时处理检查发现的问题。安全检查的目的是发现问题、排除隐患。要鼓励各级认真检查，发现问题及时整改解决。解决问题的情况应当记录下来。上级检查时要把隐患整改作为必查项进行复查，以保证隐患得到彻底消除。

总之，安全检查最有效的工具是安全检查表。它是为检查某些系统的安全状况而事先制定的问题清单。为了使安全检查表能全面查出不安全因素，又便于操作，根据安全检查的需要、目的、被检查的对象，可编制多种类型的相对通用的安全检查表，如班组主要危险设备、设施的安全检查表，不同专业类型的安全检查表，面向班组、岗位不同层次的安全检查表等。

77. 色彩对人心理的影响及安全运用

我们生活在一个绚丽多彩的世界，也正因为有了这五颜六色，才使我们的生活变得更加多姿多彩。客观存在的不同的颜色，通过感觉器官对人产生不同的心理和生理作用。所以，我们在生活和工作中正确地应用色彩的心理效应，不仅能使人产生舒适感和美的享受，而且，还能减少或避免工作中的失误，确保工作安全，进一步提高工作效率。

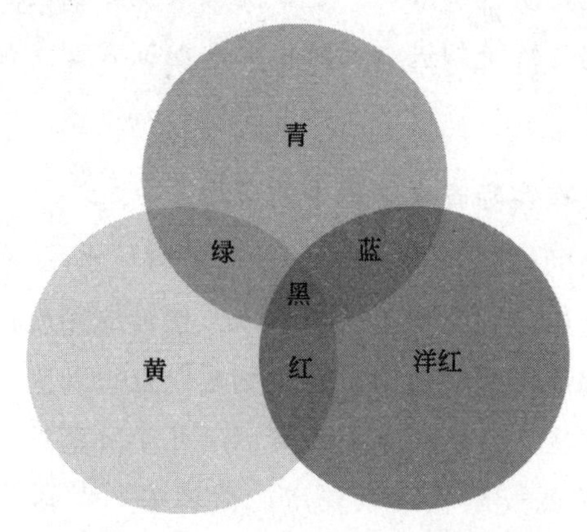

安全色用途广泛，如用于安全标志牌、交通标志牌、防护栏杆及机器上不准乱动的部位等。安全色应用时有规定的颜色范围。安全色应用红、黄、蓝、绿四种。

(1) 红色表示禁止、停止

禁止、停止和有危险的器件设备或环境涂以红色的标记。例如禁止标志、交通禁止标志、消防设备、停止按钮和停车、刹车装置的操纵把手、仪表刻度盘上的极限位置刻度、机器转动部件的裸露部分、液化石油气槽车的条带及文字、危险信号旗等。

(2) 黄色表示注意、警告

需警告人们注意的器件、设备或环境涂以黄色标记。例如警告标志、交通警告标志、道路交通路面标志、传动带轮及其防护罩的内壁、砂轮机罩的内壁、楼梯的第一级和最后一级的踏步前沿、防护栏杆及警告信号旗等。

(3) 蓝色表示指令

如指令标志、交通指示标志等。

(4) 绿色表示通行、安全和提供信息

可以通行或安全情况涂以绿色标记。例如表示通行、机器启动按钮、安全信号旗等。

总之，色彩的本质就是光波，而光波也是一种电磁波，具有能量，能把分子激活，从而把光波变为化学能，不同色彩的光直射到人体后，除了刺激眼睛产生视觉外，还会刺激脑垂体及中脑一些部位，从而产生激素。这些激素会对人体的感觉及生理状态起作用，从而支配人的动作行为。

78. 精细化是确保安全的必由之路

任何一个细节上的疏忽和管理上的失误，都可能带来机毁人亡的惨剧。班组要远离事故，就必须克服细节上的疏忽和管理上的粗放。“千里之堤，毁于蚁穴”，班组中的各种“小疏忽”就是一个个蚁穴，很可能毁掉企业这座“千里之堤”。因为1%的错误，往往导致的是100%的失败。历年惨痛的事故教训使我们不得不得出这样的道理：精细化，为班组安全护航。

(1) 改变心态，拒绝浮躁

要改变班组员工的心态，治好浮躁病，对班组长而言，就要树立“管理源于素质，素质源于教育”和“工资是费用，教育是投资”的管理理念，加大教育和培训方面的投资，坚持“始于教育、终于教育”的原则，强化班组全员“精细化管理”的教育与培训。作为员工，必须通过学习和自身的磨炼，不断改变陈旧的思想观念，树立正确的人生观和价值观。这就是说，不论是做人、做事，还是做管理，都应静下心来，踏踏实实，都应从实际出发，从大处着手，从小事做起，拒绝浮躁。

(2) 用明智远离疏忽、麻痹和侥幸

班组实施精细化，就要强化自我约束，用理智远离疏忽、麻痹和侥幸。古人云：“思所以危，则安矣；思所以乱，则治矣；思所以亡，则存矣。”意思是说，干任何事，不能心存侥幸，要居安思危，从平时点滴小事做起，加强自身的修养，努力养成追求“零错误”“零误差”的习惯，充分发挥自然的正面效应，平时养成良好的习惯，关键时刻才不会出错。

如何将操作者的行为由随意转向规范、由粗放转向精细、由侥幸转向理智呢？除了改变心态、强化安全意识外，还要采用科学的工作方法来对弱点进行自我约束。班组通常所采用的目录管理法、清单梳理法和安全检查表法等，都是行之有效的自我约束的方法。目录管理，就是把自己的岗位职责列出目录，把每天必须干的事情按轻重缓急进行分类，然后有条有理地去完成；清单梳理，就是将每天、每周或每月需要做的工作以及需要遵守的操作规则、注意事项，都用清单的方式列出，避免想到哪里做到哪里，这样可以远离疏忽、差错和失误。安全检查表，就是将操作的对象及各种操作规程和工作中存在的不安全因素进行细化和剖析，以提问的方式将这些内容事先编制成表，以便自我检查、自我确认是否安全。

(3) 强化系统意识，关注协调和配合

实现精细化，还要强化系统意识，做好相互间的协调和配合。安全生产是一个系统工程，系统中的任何一个环节中断都可能导致灾难性的后果。这就是说，要确保安全生产，就必须从优化系统开始，强化员工的系统意识，关注协调和配合。伴随着社会分工越来越细，必然导致在安全生产这个系统中，存在着岗位与岗位、部门与部门、上下级之间许多交点问题，称之为管理交点。对任何一个交点的漠视和配合上的失误，就像木桶木板之间的缝隙一样，都会带来漏水的损失或全局的失败。

(4) 强化规则意识，约束人性的弱点

班组安全管理实施精细化，更需要用规则来约束人性的弱点。人性的弱点主要表现在懒和贪两个方面：一是懒惰，只要没有外在压力，就不愿多做事；二是爱贪小便宜，总想以最小的付出，得到最大的回报，于是在行动上就表现为随意、粗放、麻痹、懒惰和拈轻怕重等。因此，班组安全管理实施精细化，就必须靠规则来约束人性的弱点。

总之，面对多发的事故，班组从现在做起，从每一个细节做起，从每一个操作步骤做起，以精益求精的工作态度、一丝不苟的科学精神，挑战“零缺陷”、实现“零误差”，把小事做好，把细事做稳，实现班组安全管理从随意化向规范化转变，由经验型向科学型转变，由粗放式管理向精细化管理转变。精细化理念，必将引导班组走向安全生产的成功之路。

79. 安全检修“三位一体”作业促进班组安全稳定

(1) 安全检修“三位一体”作业的内容

安全检修“三位一体”作业法，由三个部分组成，即检修方案的编制、安全技术措施、处理和工艺盲板图。三个方面的内容组成检修的整体方案，称之为“三位一体”。

a. 检修方案的编制。除说明工作内容、设备名称、检修时间、检修地点、作业程序、施工方法、质量标准外，还要注明施工负责人、安全负责人，明确作业人员的工作任务。

b. 安全技术措施。在编制安全技术措施之前，编制人员要到施工作业点全面了解掌握作业环境的安全状况，根据其危险因素和危险程度以及容易出现问题的环节制定针对性强的安全防范措施。措施要齐全得力，安全注意事项要具体明了，检修使用的各种安全作业票证由检修单位和设备机械管理员按照规定要求办理。

c. 处理和工艺盲板图。设备所在车间的主任负责对要检修的设备进行处理。处理前写出工艺处理方案，其内容包括：设备停车步骤，泄压、降温程序；置换和清洗流程、步骤、合格标准；盲板抽堵位置图、注明抽堵人、抽堵时间、抽堵验收挂牌人、盲板规格及材质等。

上述三项工作完成后，装订成册，即为“一体”。经有关领导审查批准，上报企业或企业机械动力管理部门审批，最终由企业安监部门审批下发执行，并悬挂在检修现场，供班组检修人员、各级领导和安全监督人员执行和检查指导。

(2) 具体做法和要求

a. 劳动组织落实。主要是健全检修的组织领导，做到分工明确，严格执行各级安全检修制度、规程、规范、标准。

b. 安全教育落实。主要是开好动员会，学习规章制度和责任制，熟悉检修方案，进行技术交底和安全作业意识教育，认真落实安全措施，正确使用防护用品、用具，开展事故预防、预测、预想、预控活动。

c. 安全措施落实。做好各种检修作业票证的办理，经有关人员签字认可，编制检修施工网络图、多发事故控制图、检修重要环节控制图、检修作业进度表，称为“三图一表”，并悬挂在检修作业点上。

d. 检修物资落实。准备好检修中使用的机具、工器具、脚手架、梯子、电气焊设备、手提电动工具、搬运机具等。要由专人检查认可，符合安全要求。防护用具、消防器材齐全，通风和照明设施地点适当、取用方便、完好可靠。安全警告牌、禁动牌、禁止合闸牌等齐全，悬挂位置符合安全要求。

总之，根据设备检修项目的要求，检修施工单位应制定设备检修方案，检修方案应经过设备使用单位审核。检修方案中应有安全技术措施，并明确检修项目安全负责人。检修施工单位应指定专人负责整个检修作业过程的具体安全工作。

80. HAZOP分析方法的应用

危险与可操作性（HAZOP）分析是以系统工程为基础的一种可用于定性分析或定量评价的危险性评价方法，它被用来探明生产装置和工艺过程中的危险及其原因，以寻求必要的解决对策。

(1) 主要做法

a. 充分调动小组分析人员的积极性。在分析研究工作开始之前，由HAZOP负责人向在场人员介绍有关方法研究的目的、分析依据、工作程序、有关引导词、偏差的说明以及分析工作中的要求和注意事项，然后向大家展示第一张工艺管道仪表流程图，进入分析研究阶段。最初，由于现场人员没有接触过该方法，一时感到新鲜，大家比较好奇，表现得很热情。但由于工作的重复内容较多，很容易使人感到乏味。鉴于这种情形，HAZOP负责人应具备幽默、活泼、开朗的良好交际能力，较好的口才，较宽的知识面，敏捷的思维，逻辑的思考方式，同时还要有较强的组织能力。经验证明，采用请教、征求、询问、肯定的方式开展工作是一种非常行之有效的办法。

b. 抓住重点环节，明确目标。进行HAZOP研究，不是对全部的危险找到解决问题的方法，而是对危险进行初步的识别。如果企图找到复杂问题的具体解决方法，可能会浪费大量的时间。因此，在方法的应用过程中，HAZOP负责人应紧紧抓住每一个需要研究的环节和对策，而对与此无关的内容不进行讨论和研究。

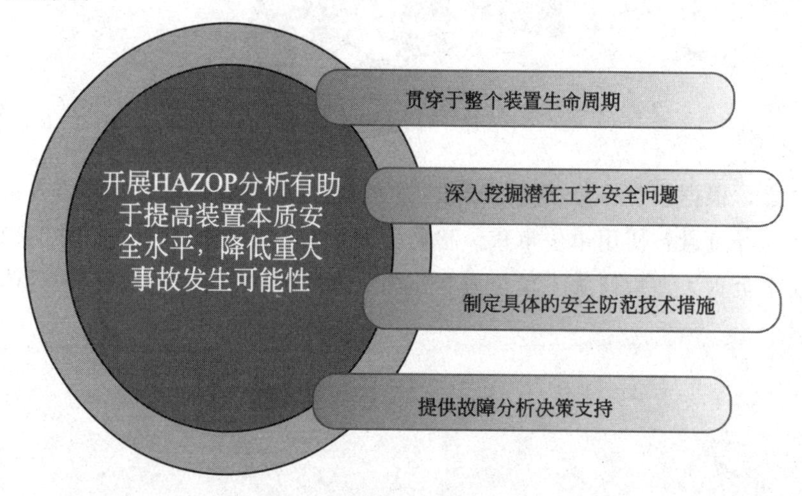

（2）需要注意的事项

a. 对于小项目的研究，建议将HAZOP负责人与秘书的工作内容合并。一旦研究工作开始，HAZOP负责人应确保引导词是严密的并且是结构化的。对于小组的每一个成员，HAZOP负责人应有能力引导并使之发挥其专业特长，而且还要紧紧跟踪其思维以挖掘其技术潜力，这就要求HAZOP负责人应该深入、透彻地表述其意图，而这种思想是不能通过秘书表达出来的。同时，如果负责人与秘书的工作内容合并，负责人自己做记录的过程还是思维工作的一个反复，能够再次把一些要点进一步确认，从而保证研究内容的准确性。另外，记录的时间也是小组成员稍做休息和思考的时间，提供了为研究问题做补充的条件。但是这种方法不适用于大型项目，因为这样会花费太多的时间和精力。

b. 注意调节气氛，做到劳逸结合。在开展研究过程中，HAZOP负责人可以实时地以生产过程中曾经发生的事故案例或石油化工生产方面的新闻动态作为议题来调动大家的兴趣，提高大家的情绪，营造一种宽松的气氛，可以起到缓和工作压力，避免紧张过度的良好作用。

c. HAZOP负责人应具备良好的心理素质和坚韧的毅力。HAZOP分析方法对应用人员的要求较高，特别是对HAZOP负责人的精力牵制较大，很容易出现疲劳。因此，要求担任主席职位的评价和分析人员必须具备良好的心理素质和坚韧的毅力和耐力。

d. HAZOP 负责人应始终保持对研究工作的热情。研究工作的强度极大，要对所花的时间有足够的估计。一般来说，一套中型的石油化工生产装置危险与可操作性研究工作，整个过程用 10 天的时间才得以完成，这期间耗费了 HAZOP 负责人及其评价人员的大量心血和精力，而 HAZOP 负责人的热情、旺盛、积极的工作能力，是此项工作得以顺利完成的基础保障。

(3) 结束工作

在研究工作结束后，要把分析结果公布给大家，并针对其中有争议的地方进一步提出讨论，寻求最优的解决方案，所有的分析与评价结果，采取的对策与措施均应征得所有参加人员的同意，才可以最终确定。同时，还应对当时所进行的工作做出简短总结，并感谢大家的参与，如果时间允许的话，在取得分析小组所有人员的同意下，方可进入下一个工作步骤。

第四章

班组现场安全思想方法

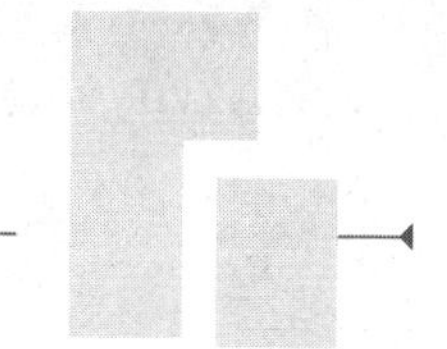

本章导读

本章介绍班组现场安全工作的思想方法。思想是行动的先导，只有思想认识到位，行动才能到位，组织才有活力。班组应严格遵守企业的安全工作要求，采取灵活有效的多种措施将安全思想工作建设抓深抓实。本章共用20个方法，将班组现场安全工作中的思想动态、思维理念、安全想法等表现出来，旨在通过思想方法来规范人的安全行为，引导人的安全想法，进而形成符合安全要求的现场工作状态。

班组是企业安全思想工作的基石，企业的安全思想工作离不开班组这块“土壤”，否则只能是无本之木，无源之水。班组安全思想工作是把安全思想教育、安全职业道德教育、安全形势教育、安全法制宣传教育渗透进去，使安全思想工作与实践紧密结合起来。同时，职工素质、技术水平的提高，也要靠班组经常性的安全思想工作来引导。班组工作头绪多，内容琐碎，决定了班组安全思想工作的内涵十分丰富。因此，各级安全思想工作者要坚信班组安全思想工作是大有可为、大有作为的。要充分发挥各级组织的力量，形成党政工团齐抓共管的网络，积极开展各种班组安全活动，把安全工作做活、做细、做出特色，使班组的安全思想工作落到实处。

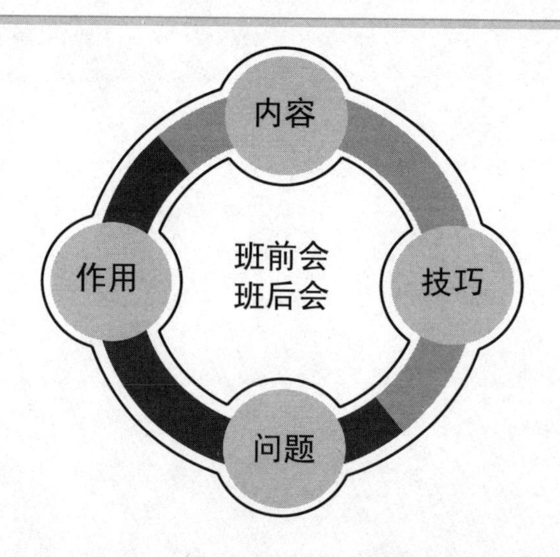

81. 沟通是安全员的基本功

有人认为，安全员长期与职工打交道，要处罚违章人员，是得罪人的工作。但是，平安是每个职工的需要，关系到职工的切身利益，而安全员是在保护职工的安全，是在帮助职工，为职工服务。从这个意义上讲，职工与安全员之间的关系应相处得很融洽。

(1) 用沟通来解决认识上的差异

a. 职工安全意识淡薄，安全知识缺乏，不能正确地认识事故隐患，比如作业中安全员认为存在隐患的地方，操作者本人却认为没关系，得过且过，或认为安全员过于紧张，是没事找事。b. 存在侥幸心理、冒险心理、麻痹心理、逆反心理等各种心理障碍，对安全员的管理提醒不予重视，仍然我行我素。c. 虽然知道违章要受处罚，并知道严格的安全管理是在保障自己的安全，但处罚涉及的经济利益比安全生产带来的利益更直接，心疼钱，无法接受。d. 安全员与车间主任、班组长之间认识上不统一，安全管理工作执行困难。

(2) 找准沟通的对象

a. 违章者。违章受到处罚后，经济利益受到了损失，可能有抵触情绪，带着情绪干活儿，易导致注意力不集中，反而影响操作安全。

b. 事故整改负责人。一项整改任务的安排也要先做思想工作，使其明白为什么要整改，为什么要他来完成整改，并让其愉快地完成任务。

c. 违章次数多的人员。违章多者安全意识较差，或受各种环境因素的影响，工作力不从心，若不及时解决易导致事故的发生。

d. 情绪不好，有思想负担的人员。

e. 对安全管理提意见、提建议的人员。职工的很多意见和建议反映了其思想状态，对安全工作提出的意见，正确的要及时采纳，不正确的要进行解释分析。

f. 新进厂的职工。

g. 车间主任、班组长等相关管理人员。

(3) 营造良好的谈话氛围

和谐的谈话氛围是进行沟通的基本条件，安全员平时就应注意营造良好的谈话氛围，做到以下几点：

a. 只有自己做得对，不违章违纪，思想作风过硬，才能树立良好的形象，获得职工的尊重，谈话才有力度。如果安全员自己就经常违规违纪，则无法正常给他人做思想工作。

b. 建立和谐、融洽的关系。在与职工进行谈话时，把握谈话技巧来创造沟通的融洽氛围，是成功进行沟通的一个方面，而在日常工作中注意与职工建立良好平等、互爱互助的人际关系，也是创造良好的谈话氛围的关键之一。作为一名安全员，应尊重每一位职工，对待职工应热情、诚恳，见面主动打招呼，职工有困难寻求帮助，尽力而为之，积极帮助职工解决工作及生活中的困难，使职工真正感觉到你是自己人、知心人是在为他们服务，变相地为沟通工作铺平道路。

(4) 沟通谈话方法技巧

a. 对不同的对象采用不同的谈话策略。在工作中我们会遇到各种性格的人，如自大型、暴躁型、胆怯型、内向型等，针对不同的性格应总结出不同的应对方法。b. 打破僵局、回避冲突。c. 开诚布公，坦率告诉职工自己的意图。d. 采取韧性策略。e. 使用“先发制人”策略。f. 学会换位思考策略等。

82. 善于优化员工成才的环境

(1) 对员工要真知深知

古语说："知己知彼，百战不殆。"知的目的在于：对员工知道得越深，员工的作用就发挥得越好。当员工遇到挫折或困难时愿意把藏在心里的秘密向班组长倾诉，有事主动找班组长汇报。工作中主动服从命令、听从指挥、乐于吃苦，甚至冲锋陷阵。这就是古人说的"士为知己者死"。这是"知"的最高境界。

(2) 对员工要敢用善用

班组长一是出主意，二是用员工。广义的用员工就是用人才。什么是人才？有的人认为只有才能出众才算人才，其实有用之人就是人才。作为班组长，一是要学会用人之长；二是要注意发挥人才的整体效益；三是用人要以任务为牵引；四是要重用优秀人才。总之，在用人的问题上，既要重视优秀人才，又要让每个人都发挥应有的作用。只有敢于用能人，善于用众人，班组长才有水平，事业才有希望。

(3) 对员工要注意培养

一个班组要想有大批人才出现，必须抓紧培养人才。培养人才要做到四个结合：一是重点培养与集体培训相结合；二是离职培养与在职培养相结合；三是能力培养与素质培养相结合；四是理论培养与实践锻炼相结合。因此，只有把理论和实践相结合，才能做到具体问题具体分析。

总之，班组安全文化在激励人才成长过程中可以起到巨大的基础作用。因此，班组领导的主要职责是创造出一种环境，使每一位员工能发挥其才干。以创新的企业精神激励员工，在共同的价值观和共同的信念引导下形成相同或相近的心智模式，使班组产生一种特殊的凝聚力与和睦感，从而增强班组适应外部变化的能力，提高安全生产的适应性和创造性。

83. 努力消除班组的内耗

内耗几乎无处不在。“一个和尚挑水吃，两个和尚抬水吃，三个和尚没水吃”，正是对内耗最形象的比喻。在班组里，要是你去问问：除了不工作，最恨班组长干什么？答案绝对是内耗。内耗害人、害己、害国、害民，这些道理谁都懂，可为什么还会成灾呢？

首先是感情上斗；其次是班组班子内争；再次是整个班组闹。其实，一个班组要发展，一定不能闹内耗，这个道理谁都懂。问题的关键就在于，从班组长到一般员工，在不知不觉中就陷进去了。是什么样的力量在牵着许多人的鼻子走呢？那就是私利。从上到下，都是为了私利，不然哪里会让自己陷入无边的冲突中呢？

班组内耗的起因是冲突，譬如感情的、权力的、利益的和派别的冲突等。班组长之间发生冲突是不可能完全避免的，问题的关键是要正确对待，绝不能为了自己的一点私利而挑起冲突，引起无边的内耗。不管是什么原因引起的内耗，其实当事人都已经把事业遗忘了，把企业安全生产的大业踩在了脚下。这样的班组长还能继续留在岗位上吗？不能，这是我们每位班组长务必牢记的。

总之，班组不能有内耗，消除内耗要做到：一是要有集体意识；二是要形成共同的价值观；三是要有明确的班组安全生产集体目标。这样，班组的“内耗”就能逐步消除。安全生产工作才有希望。

84. 把握好班组班子团结的“四个关系”

(1) 民主与集中的关系

班组领导班子只有实行民主集中制，才能保持既有统一意志又有个人心情舒畅的生动活泼的干事创业的局面。一些班组的班子不团结，原因是多方面的，但具有共性的一个原因，就是没有认真实行民主集中制，正职过分强调集中，副职又过分强调民主，从而导致民主与集中关系失调，出现民主不够或集中不力的现象。民主不够主要表现在领导班子决定重大问题时，决策前走群众路线不够；班组内有的副职因思想准备不足，对班组全局性安全工作缺乏足够的了解，在安全工作决策时发表意见不充分；有的正职喜欢个人说了算，把集体讨论当形式，使民主形同虚设。集中不力主要表现在决策时议而不决、当断不断，或有的副职全局意识差，对集体决定合意的执行，不合意的就不执行，致使班组领导班子难以形成整体合力。

（2）分工与合作的关系

班组领导班子做工作，必须有分工与合作。分工与合作是相对的，分工是为了更好地合作。只讲分工不要合作，就会削弱团结，工作就会顾此失彼；片面强调合作没有分工，就会责任不明，工作缺乏效率。提高班组领导班子的绩效，必须坚持分工与合作的统一。每个班组班子成员都应找准位置，尽到责任，服从安全生产大局。班组长应按照集体决定和分工，恪尽职守，切实履行自己的职责，做好本职工作，坚持分工不分家。其他班子成员不能只对分管工作负责，而不顾及对全局工作的影响。主要领导既要放手放权，充分调动每个班子成员的积极性、创造性，又要对实施集体决定的事项加强组织检查。只有这样，才能使班子成员间既责任明确、各司其职，又团结一致，形成合力，增强工作成效。

（3）个人利益与集体利益的关系

一个班组领导，在工作中必然会遇到个人利益、局部利益和集体利益相互矛盾的时候。一个班组每一项改革措施的出台，每一项决策的实施，都会涉及个人利益、局部利益分配的调整。上级的表扬、奖惩或提拔重用，往往只能涉及班子中的部分成员，必然形成班子成员间的得失荣辱不一。如果班组领导班子成员缺乏整体观念，就难以正确处理个人利益、局部利益和整体利益的关系，就会影响团结，耽误工作。保持班组领导班子的团结，每个班子成员都必须正确处理个人利益与整体利益的关系。就一个班组班子来说，只有整体利益、整体形象得到了保障，个人利益才能得到保障。在个人利益、局部利益与整体利益发生冲突时，班子成员必须坚持个人利益、局部利益服从整体利益。

(4) 信任与监督的关系

在一个班组班子里，工友之间既要相互信任，又要相互监督。仅有信任没有监督，就会放松思想防线，丧失警觉；仅有监督没有信任，工友之间就很难一起默契配合干工作。领导班子只有把信任和监督的关系处理好了，才能团结一致、齐心协力。处理好信任与监督的关系，首先，领导成员之间能够坦诚相见，不能因碍于面子而不认真开展批评。应该明白，善意的批评不是与人过不去，监督也不是猜疑，表面一团和气并非团结，信任要有监督，没有监督的信任不是真正的信任。其次，健全群众评议班组领导干部等制度。要通过健全规章制度，确保班组领导干部的工作始终处于群众监督之下，使班组领导干部经常保持清醒的头脑，做到自重、自省、自警、自励。最后，“班长”要有敏锐的洞察力。只有这样，才能使领导班子成员既心情舒畅，又严于律己，从而进一步增强班组领导班子的团结。

85. 正确看待员工的缺点

任何班组员工都不可能没有缺点毛病。聪明的班组长应辩证客观地看待这一点，恰如其分地把握时机，在不断的批评教育中让员工扬长避短，迅速锻炼成长。可是，一些班组长由于情面或其他原因，对于员工的缺点采取一些消极的做法，结果既耽误了员工的成长进步，又损害了自己的威信。笔者通过几年来的实践和体会，认为班组长对于员工的缺点应注意“五忌五宜”。

一忌功过和泥，宜赏罚分明。一些员工工作上很能干，但缺点或毛病也不少。如有的员工说话太冲，不分场合地与班组长争辩，有时让人下不来台；有的员工爱发牢骚，工作没少干，却“让嘴买了一大半”；有的员工各方面都不错，就是爱贪小便宜；等等。对此，一些班组长怕打击其积极性，更怕因其顶撞而失面子，对员工的缺点平时不说，而在评功评奖、提拔使用、确定福利待遇等关系员工切身利益的问题上搞将功补过、功过和泥，使其该得的得不到，该奖的拿不着。这样一来，往往造成“干的不如看的，看的不如捣蛋的”等不正常现象。因此，对于员工的缺点和毛病，班组长要做到功过分明、赏罚分明，批评不要碍于情面，奖励不要搞平均，及时让员工认识到自身的缺点和不足，指导和帮助员工提高安全工作积极性。

二忌板脸怄气，宜直言其过。一些班组长与某些员工话不投机；或者因自身不正、怕人揭短，说话硬不起来；或者是对一些安全生产问题自己拿不准，不是及时指出员工的缺点或毛病，而是和员工板脸怄气，让其自悟。殊不知这样一来，员工整天看着班组长脸色，感到这也不是，那也不是，无所适从，不但难以悟出自己到底错在哪里，反而觉得是班组长同自己过不去。更严重的是，容易使那些善于察言观色、阿谀奉承、用花言巧语迎合领导口味的人钻空子。这些人往往会趁机添枝加叶向班组长打小报告，使班组长偏信此类小人，而孤立实干者。因此，对于员工的缺点和毛病，无论是听到的还是亲眼看到的，班组长都要把话说到明处，允许其辩解，允许其改正，做到既往不咎，这样才会使员工心情舒畅、集中心思干工作，同时，也使那些投机钻营的人失去生存空间。

三忌迁就回避，宜推功揽过。现实企业中有的班组长对有才干、安全工作成绩突出，特别是关键时刻能“冲上去”的员工的缺点和毛病，一味地迁就回避，从不说一个“不”字，自己树的典型，不能让人说有缺陷，对于出格的问题，也只是半真半假地点一下，避重就轻；明知其工作有问题，却批评他迟到早退，明知其独断专行，不讲组织原则，却批评他不爱学习。直到铸成大错时才不得不将其一棍子打死。因此，对于员工的安全工作成绩，要出以公心来评价，而不是站在班组长自己个人感情的角度来评价，对于在班组安全生产中的“有功之臣”的缺点和毛病，也要出于对事对个人负责的态度，及时就事论事地批评指正，做到防微杜渐。

四忌印象终身，宜积极施教。有的班组长常常抱怨员工不得力，只要有一次把事办砸了，就认为是“烂篱笆扶不起来”，不可救药。俗话说，强将手下无弱兵。然而，“强兵”并不是天赐的，而是“强将”手把手逐渐带出来的，班组长只有不当甩手掌柜，手把手教、跟踪指导和检查、及时纠正问题，才能提高员工的安全工作能力，才能让员工正确领会班组长的意图。从某种意义上讲，班组长与教师有许多相同之处，强调“管”和“带”两个字，不仅要管人，更要会带人；不仅要用人，更要坚持不懈地从提高人的素质这一基础性工作抓起。对员工来讲，衡量班组长的优与劣，并不是能捞到多少物质实惠，而是学到了多少有用的知识。

五忌居高临下，宜礼贤下士。班组长与下属之间只是工作分工不同，班组长与下属的职位不同，不等于人格上的贵贱。下属具有独立的人格，班组长不能因为在工作中与其具有领导与被领导的关系而损害下属的人格。同时，班组长应适时给下属鼓励、慰勉，认可、褒扬下属的某些安全工作能力。对下属在安全工作中出现的不足或者失误，不要直言训斥，而要与下属一起分析失误的根本原因，找出改进的方法和措施，并多对其进行鼓励。要知道斥责会使下属产生逆反心理，并且很难平复，会给以后的安全工作带来隐患，因而班组长要尽力避免斥责下属。实际上，班组长尊重下属会使威望不断增进。班组长越是在下属面前摆架子，就越容易被下属看不起；班组长越是放下架子，尊重下属，在下属心中的形象就越高大。坦诚沟通是心与心之间的桥梁。班组长与下属之间虽有职位高低、权力大小之分，但在人格上是平等的，班组长在安全工作中说话、办事一定要遵循一个“真”字，绝对不能用不冷不热、敷衍了事的假感情对待下属。

86. 导致班组长安全工作决策失误的因素

① 目标偏向。安全工作决策有悖于企业和车间的安全生产方针政策，局部利益与整体利益关系错位，名曰创造性开展工作，实则搞“上有政策，下有对策”，安全工作决策目标互相冲突，相互抵消。

② 违反程序。不按决策方法、步骤行事，凭借班组长个人的知识、经验、智慧等进行“拍脑袋”决策，实施决策过程中也不组织必要的跟踪检查和目标修正，安全工作决策目标残缺，难以操作。

③ 信息不畅。无视经济全球化、科技现代化的发展趋势，对纷繁复杂、瞬息万变的客观情况知之不多或不闻不问、反应迟缓、自我禁锢，依思维定式闭门造车，靠“拍脑袋”盲目决断。

④ 授权紊乱。分层决策时，或是给予员工权力不当，或是参与了本应由员工负责的决策，或是把自己的决策职责无原则地推给车间和企业领导，使安全工作中上下决策渠道混乱、职责不清。

⑤ 缺乏自信。受自身知识、能力和工作阅历等因素的局限，安全工作决策时瞻前顾后、优柔寡断、久拖不决、当断不断，有时甚至束手无策、人云亦云，导致安全工作决策错过最佳时机。

⑥ 感情失控。用个人的喜怒哀乐取代组织原则，对上级唯唯诺诺，趋炎附势，盲目迎合领导意图，对员工居高临下、头脑发热、急于求成。难以左右逢源时，则采取折中或妥协的方式进行迁就。

⑦ 自视清高。总认为自己的水平比同级或员工高，他人的意见不如自己的意见正确，即使在自己的意见被实践否定之后，仍一味强调客观，固执己见，自我感觉良好。

⑧ 急于求成。当班组长被调到新的班组或陌生的工作领域时，不是深入调查研究，而是下车伊始，急于烧“三把火”，盲目拍板表态，或是信口否定前任工作，刻意标新立异，追求晋升“政绩”。

⑨ 权欲膨胀。为了达到个人目的，倚恃自己的资历或特殊地位，主观武断、一意孤行，将自己的主观意见强加于班组或其他人员之上，使班组集体研究重大安全问题流于形式。

⑩ 监督乏力。班组安全工作决策机制滞后于形势发展需要，安全工作决策制度不够健全，安全工作决策实施发生偏差时没有调控手段，决策者决策失误无责任追究或大事化小、小事化了，整个安全工作决策过程处于无序状态。

87. 员工安全工作不力怎么办

员工安全工作不力，班组长怎么办？是声色俱厉、横加呵斥，还是越俎代庖、亲力亲为？不同的人有不同的看法。笔者认为，最明智的做法是深入调查，找准员工安全工作不力的原因，从而对症下药，帮助员工优质高效地完成安全工作任务。具体地说，对策有四。

（1）导

员工安全工作不力，安全思想不顺，安全认识不高，安全态度不端是原因之一。有的对班组长安排的工作不满意，或者与班组长之间有矛盾，以致干起活来情绪低落、心不在焉；有的因某种原因，对班组长分配的安全生产任务的重要性缺乏足够的认识，尽管接受时欣然允诺，但行动起来随随便便、马马虎虎。员工带着这种情绪和作风上阵，焉能给班组长交出满意的答卷？因此，面对这种员工，班组长应该头脑冷静，耐心细致地加以引导。一要放下架子，亲近员工，听取意见和呼声，把准思想脉搏，缩短上下级之间的距离；二要帮助员工理顺思想，消除疙瘩，振奋精神；三要帮助员工正确认识自己所承担的工作的重要性，鼓励其主动地把工作做得又快又好。

（2）扶

胆量不大、能力不强，往往也会使得员工安全工作不力，对待这样的员工，绝不能轻言放弃，闲置不理，因为这些员工并非真正天生愚钝、懦弱无能之辈，有的还很有潜力，只是缺乏培养锻炼，倘若尽力雕琢，他们是完全有可能成才的。况且走马换将，也并不容易。合适的人短时间内难以找到，即使自认为找到了，动起真格来也未必真行。再者，还可能严重伤害被冷落了的员工的心。所以，对这样的员工宜“扶”不宜“弃”。何谓“扶”？就是不断创造机会，让其在安全生产实践活动中提高素质，增强能力和胆识。具体做法是：班组长在分配安全工作的同时，教给员工一些基本的安全工作方法和办事程序，使其举一反三，悟透其中之道。安排品性好、能力强的员工与之共同承担某项安全生产任务，既为其提供学习榜样，还可以使其在安全生产实践中获得成功，找回自信，激发斗志。经过一段时间的培养锻炼，安排其独立承担安全工作任务，鼓励其消除顾虑、充满信心，放胆工作，争创佳绩。不过在安排其独立完成安全工作时，难度设计应该循序渐进、逐步增加，切不可急于求成，令其“一口吞下十个包子”；否则，既完不成安全工作任务，又达不到锻炼的目的，还可能打击其追求进步的信心。

（3）逼

有的员工安全工作不力，完全是因为惰性太强，懒散成性。但这样的人往往脑子好使，行动起来爆发力强。他们之所以不能按质按期完成安全工作任务，主要原因是律己不严、自由散漫、工作缺少紧迫感，习惯于到“火烧眉毛”之时方欲认真“作答”，无奈时间所剩无几，只得糊弄几下，硬着头皮交差。调教这种员工，最有效的办法就是增加压力、加强督促、市场鞭策，一个“逼”字足矣。一是从难从严下达安全生产任务，使之感到肩上担子沉重，使之不敢轻视。二是在推进安全工作的过程中，要经常检查督促。发现进步，及时肯定；发现问题，及时解决。值得注意的是，改造这样的员工，不能寄希望于毕其功于一役。对此，作为班组长必须有充分的心理准备，以应对其可能出现的反复。如果真要出现了这种情况，班组长应该以满腔的热情和诚挚的爱心，一如既往地予以关心和帮助。

（4）换

“干不了就走人”。虽然这并非良策，但有时不得不给那些工作不力的员工调个岗位、换个环境。不过这并不是踢皮球、甩包袱，而是为之寻找更加适合的环境和舞台，使之面对新要求树立新目标，自我反省、自加压力，以适应需要；或者学用对路，一展所长。这尽管是下策，但也不失为理智的抉择。在适当的时候，让员工特别是某个岗位工作不力的员工挪动一下，不仅必要，而且可行。只是在交流之时，一定要做好他们的思想工作，说明挪动的原因，征求他们的意见，绝不能搞简单的行政命令。否则，既容易伤害其自尊心，又不利于其在新的岗位上重塑自我、展示自我、实现自我。

88. 做好“贯彻落实”的方法

（1）认真学习文件内容，吃透精神，抓住实质

吃透上级安全工作政策精神，真正领会上级文件意图，是做好“贯彻落实”工作的基础。这就要求企业基层班组长对上级安全生产文件要认真研读，要逐句逐字地学习。对参加的安全工作会议特别是领导没有讲话稿的安全工作会议，要认真做好记录。重要安全工作会议，有条件的最好进行录音，以免时间过长，记忆不清。若是本单位多位同志共同参加会议，应相互交流一下内容，以便更好地把握会议精神实质。这里需要指出的是，在领会上级安全生产政策精神的过程中，要避免不懂装懂、一知半解，甚至错误领会的现象发生，要熟悉并认真研究本班组情况。

（2）做好结合，制定措施

在吃透上级安全工作指示精神和掌握本班组实际情况之后，就要在二者的结合上下功夫。这就要求班组班子坐下来，研究制定具体的实施方案。在制定方案过程中，首先，必须认真对待这项安全工作，而不能敷衍塞责，应付了事。其次，方案要切实可行，便于操作。只有切实可行的方案，才有可能真正落实，不至于使方案只能供呈报上级、应付检查之用而无法操作。最后，方案要具体充实，避免抽象、空洞的说教和大话套话。

(3) 要把握“贯彻落实”的时机

有的上级安全工作文件明确规定了基层单位具体实施的日期，当然要尽量照此执行，但也可结合本单位的实际情况在不违背原则的情况下，经上级同意后，可做适当调整。另一种情况是没有明确的时间规定，这就要求基层班组长把握好“贯彻落实”的时机，既不能不切实际地过早实施，出现对文件精神和实际情况吃不透的现象，或与兄弟班组的进度不一致的现象，也不宜过迟，过迟实施会造成工作拖拉，影响整体安全工作的进度和质量。准确把握“贯彻落实”的时机，是一个班组长水平高低的重要标志，是班组长综合素质的体现，更是使上级安全生产政策能够更有效地在企业、在班组落实的关键所在。

89. 用科学的思维对待安全生产问题

(1) 用唯物辩证法为思维活动引路导航

唯物辩证法是马克思主义世界观的灵魂，是观察一切现象、处理一切问题的“最好的劳动工具”和“最锐利的武器”，是我党历来所倡导的思想方法和工作方法。它要求人们进行思维时必须从客观实际出发，按照客观事物普遍联系和发展变化的总体特征思考问题，防止以带有主观性、片面性和表面性的思维活动去认识和处理问题。

(2) 用丰富的知识积累作为科学思维的材料

知识是人类认识世界、改造世界的经验总结，是人类争取自由的一种武器。班组长的科学思维能力只有通过知识的丰厚积累才能形成和发展起来。我国历史上有许多出类拔萃的人物，无一不是博古通今、知识广泛、经验丰富的人。因此，他们在分析问题时，总能独出心裁、技高一筹，做出符合客观实际的判断。实践表明，科学的思维需要一定数量的信息储存与知识积累作原料，一个空洞、贫乏的头脑，是难以产生科学的思维成果的。只有见多识广，有使思维活动得以建立的雄厚的感性知识作基础，才能产生鲜活的思想和独到的见解。

(3) 用良好的非智力因素激起思想的火花

专注而持久的创造欲望，探究未知领域的浓厚兴趣，不畏挫折的顽强意志，对企业及社会的强烈责任感，这些非智力因素是进行科学思维活动的重要保证。改革开放的新形势，复杂的社会环境和微妙的人际关系，要求企业班组长必须具有良好的心理素质，始终保持一种优化的积极的情感。如果班组长自身存在着胆小懦弱、缺乏自信、懒惰倦怠、固执僵化、盲目从众和情绪失控等心理弱势，就会造成心理能量的极大浪费，影响思维和创新功能的正常发挥；而那些因争闲气而加重思想负担，或经常被工作和生活中阴影笼罩的人，也不容易激起思想的火花，难以进行灵活思维。不良情绪还会严重影响判断的正确性。因此，班组长要善待顺境和逆境，自觉忘却荣辱得失，控制和调节好自己的情绪，始终保持大脑的敏锐和心胸的纯净，用良好的非智力因素活跃思维、激发智慧。

(4) 用勤于观察和思考的习惯培养思维的活力

我们面对的是一个纷繁复杂的社会，有许许多多未知的东西需要我们去研究和探索，只要我们脑子里经常对这些问题进行思考，就会时时得到感悟和发现，就会使科学思维能力不断得到提高和加强。爱因斯坦说过："我的大脑里经常思考的问题是书本上还没有的知识。"这句话很有道理。经常保持观察和发现的敏感性，勤于用脑，这是保持思维活力的一个重要因素，是培养科学思维能力的一条重要原则。同时，通过观察来发现真实情况，就能够避免用主观愿望和想象代替客观现实，做到自己的思想与客观世界的相结合、相符合。

90. 善于给有怨气的员工消气

(1) 要善于营造和谐的谈话气氛

在谈话之初，员工有怨气，情绪自然不会很好，说起话来可能会弥漫"火药味"，神色也会如梅雨季节的天空一样阴暗。在这种情况下，班组长要想取得较好的谈话效果，首要的一步是营造和谐的谈话气氛，让员工平静自己的情绪，拂去脸上的阴云。要做到这一点，班组长自己先要有和蔼可亲的态度，要将诚意写在脸上，将关切之情融入眼神。在开口谈话时还要善于寻找话题：一是嘘寒问暖，了解员工的生活状况，拉近与员工心理上的距离；二是从员工最感兴趣的话题切入，激起员工说话的欲望，打开员工的话匣子；三是从自身着手，介绍一下自己的工作情况和心态，让员工多了解自己，从而消除戒备心理。当找有怨气的员工谈话时，班组长如果不善于营造和谐的谈话气氛，甚至短兵相接，不但无法达到谈话的目的，反倒会加深与员工之间的矛盾和隔阂。

(2) 要善于听取员工的意见

心理学家告诉我们，当一个人的负面情绪较为强烈时，会有一种发泄的欲望，如果这种情绪得不到适当的发泄，就会严重影响身心健康。员工向班组长倾诉怨气应该说是比较正常的事情，有时他们也不要求解决什么问题，只是想倾诉倾诉而已，或许一倾诉完，问题也就解决了一半。班组长要想全面了解员工到底有哪些怨气，这些怨气来源于何方，就需要认真听听员工的倾诉，即使员工有些话很难听，也要耐着性子听下去。在员工向你反映思想时，还可以边听边问，引导员工把问题说清楚，把自己的思想全面准确地表达出来。在倾听了员工的抱怨之后，应针对员工提出的意见，实事求是地分析，辩证地对待。

(3) 要善于做好耐心细致的疏导工作

高明的班组长在了解了员工的怨气之后，会向庖丁解牛一样，对各种不同的情况进行合情合理的分析，让员工感到班组长对情况很熟悉，思路很清晰，看问题很深刻，对他们很关注很在意。不管员工的怨气有多大，都要开导他们把思想境界放宽些，对员工不宜直接指责，最好点到为止。对需要班组长承担责任的，则应直接表明自己的态度和立场，不必遮遮掩掩。这样不但能体现自己坦荡的胸怀，还能起到意想不到的疏导作用。在做疏导工作时，班组长不要打官腔、说空话，而应说朴实之话，道肺腑之言，使员工切实领略到班组长的开明，感受到班组的温暖。要真正给员工消气，还须立足于实实在在地解决问题，还蒙受不公的员工一个公道，而不能一谈了之，让员工觉得又受了一次蒙骗，以至于产生更大的怨气。

91. 员工在安全工作中有过失怎么办

（1）班组长要有爱人之心

班组长与员工之间首先是同志关系，然后才是上下级关系，不能因为是上级就自感高人一等。班组长要认识到员工在班组日常安全生产工作中难免会犯这样或那样的错误，有的员工是在不知不觉中稀里糊涂而犯错误；有的人是易受外界的影响而犯错误；有的人是明知自己做得不对仍然坚持错误的做法；有的人是对班组长的错误的做法碍于情面不抵制或抵制不力而犯错误等。作为班组长，对待犯了错误的员工，首先要有一颗爱人之心。当员工犯错误之后，不要一味指责，而要静下心来，把员工当作自己的朋友，从爱护的角度出发，帮助查找犯错误的原因，辨明是非，并耐心细致地做好疏导工作，然后再给予恰如其分的处理。这样做，使犯错误的员工提高认识，把自己失败的经历当作教训，把自己失败的终点当作成功的起点，进而“吃一堑，长一智”。

（2）班组长要有容人之量

作为班组长，对待员工要多一点理智、少一点冲动，多一点包容、少一点苛责，多一点自我否定、少一点自以为是。安全生产工作中，不要是命令式的，我说你听，我讲你做，而要善纳群言，广泛听取意见，自觉克服家长式作风，使员工话有处讲，委屈有处诉。要让员工把意见和牢骚都讲出来，即使是一些过头的话，也要让他们讲完，然后再选择适当的时候和方式进行教育。那些见了困难靠边站、消极被动地对待工作的人，往往不易出现什么纰漏。如果班组长以出现过失的多少来衡量一个人工作的好坏，就会看错人。

（3）班组长要有救人之德

作为班组长，挽救失足者、教育犯错误者、改造落后者，既是责任所系，更是思想品德、思维方式和领导艺术的充分体现。有安全工作过失的员工，有着许多复杂的心理变化和思想顾虑，班组长既要给其创造改过自新的机会，又要及时有效地去做工作，防止员工自暴自弃或产生逆反心理，做出出格的举动。一是要换位思考；二是要一视同仁。

92. 增强班组安全工作表扬的效果

(1) 表扬中提希望

员工受到表扬时，会感到心情愉快，能满足自己的自尊心、自信心，产生成就感、荣誉感和自豪感等积极的思想反应。同时，人在精神舒畅、信心十足时，容易接受带有希望性的要求和建议，因为，这时人从希望中看到了关心和爱护。在表扬的过程中，如果能趁热打铁，提出有针对性的希望，受表扬者就会把希望作为动力，在安全工作中朝着希望的目标不懈地努力。因此，多在安全生产中对有成绩也有问题的员工进行表扬时，把存在的问题作为希望在表扬中提出来，受表扬者就会自觉地发扬优点，克服缺点，进一步完善自己。对安全生产中成绩一贯突出、积极上进的员工进行表扬时，也要提出一些具体的安全工作希望，从而促使他们更加发奋努力，发挥自己的优势，再接再厉。

(2) 表扬中教方法

一个人受到了表扬，说明他所做的事领先一步、高人一筹，如在安全生产中表现突出，完成上级交代的安全工作任务出色，安全学习考核优秀等，这些成绩中凝聚了个人的汗水、智慧和经验，是一笔可贵的资源财富。为了实现资源共享，在表扬之前，要深入调查，归纳总结受表扬者的成功经验，表扬时详细讲述这些经验方法，通过对受表扬者的表扬，让其他人从中学到更多的方法。对于一些别人难以说明的经验体会，还可以集中时间，让受表扬者谈体会，具体介绍自己在安全工作中是怎么做的，遇到困难时是怎么想的，又是怎么克服的，让更多的人受益。

(3) 表扬中讲道理

现实生产、生活中，总有这样一些人，每当看到别人在某些方面胜过自己时，心里就不服气、不舒服，此时如果引导不当，表扬就会对他们起反作用。因此，表扬时不能就事论事，而是用事实和道理让人们心服口服，从而使其受到启发和教育。为此，在表扬时，一是要用事实说话；二是要善于升华。抓住受表扬的事的精神实质，上升到相应的理论高度，如运用名人名言、打比方、寓言故事等方法，使受表扬的事生动有趣、富于哲理、耐人寻味。这样，表扬时辅之以理，以道理化解其他人的消极逆反心理，从而激发他们奋发向上的动力。

(4) 表扬中有鞭策

表扬集体中的先进员工，实质上是对集体中后进员工的一种批评，这种批评不是直接的批评，而是间接的引导与鞭策。间接式批评更有说服力，更能激发后进者的内在动力。因此，在表扬过程中，一是比较存在的问题讲，二是联系发展讲。例如，作为班组领导，在表扬安全生产中立足本职岗位成才的员工时，就要从这件事联系个人综合素质的提高，联系班组安全建设、企业安全发展等展开讲，并且特别要提到，如果人人都向受表扬者那样立足岗位成才，爱岗敬业，勇于创新，我们的企业就会迅猛发展，我们的企业就有不竭的动力。这样，落后员工就会从先进员工身上看到自己的不足，看到自己努力的方向，从而达到不用扬鞭自奋蹄的效果。

93. 讲好安全生产大道理

(1) 以事明理

一些大道理之所以让人听不进去，就在于讲得太虚。道理的理性越强，越要注意用事实讲话，以事实佐证。通常，用一则故事说明一个道理，往往能给人留下深刻的印象，而纯粹讲道理，就会使教育对象因缺乏感性体验而对“理”难以理解、消化和吸收。用事实充实大道理，事实中蕴含大道理，可以避免说大话、空话，可以联系具体的事、具体的人把道理讲实、讲透、讲活。

(2) 以小见大

安全思想是有差别和层次的，讲安全大道理应遵循思想的这种层次特点。

缺少层次，一下子跨越几个台阶，会让人感到道理离自己很远，不关自己的事，因而无法接受。而用逐步引导、层层深入、剥茧抽丝的方法，就能够将大家的安全思想统一和升华到一个新的高度。班组长应擅长讲小事中蕴含的道理，于身边的事情中发现可企及的大道理，于浅表事情中挖掘可触摸的深道理。这就是高明的班组长常从拉家常开始安全思想工作的缘由。

（3）反诘设问

讲安全大道理不是单向的，而是一个双向沟通的过程。班组长要了解教育对象对安全道理的了解、吸收程度，可把大道理分解成若干个安全问题，以问话的方式提出。这样做，一方面，可以引发教育对象的兴趣，启发大家共同思考；另一方面，可以创造一种平等和谐的气氛，使教育对象觉得你不是在灌输大道理，而是在与其共同探讨安全问题。这种方法，变听为想，变被动接受为主动反思，在抛砖引玉、换位思考中，让教育对象明白并接受安全大道理。

（4）巧用名言

名言往往是人所皆知且易为人们所接受的，特别是现在有些人对名人名言有种信任感、崇拜感，喜欢把它作为自己的座右铭。因此，把安全大道理巧妙地与名人名言结合起来，就可以把安全大道理讲得耐人寻味，富有吸引力。总之，一句恰到好处的、富有哲理的名人名言，往往可以发人深省，给人以启迪和鼓舞，在安全思想工作中起到意想不到的效果。

（5）理在情中

讲安全大道理也存在“晕轮效应”。有时教育对象并非对安全道理本身不理解，而是与讲安全道理的人感情上合不来，因而影响了其对安全道理的接受。这就要求讲安全道理的人要善于联络感情，要注意反省自己有无令对方抵触反感的地方，并及时克服纠正。尤其是当对方的抵触反感情绪较大时，更要以诚相待，在理解、尊重、关心的基础上讲安全道理。有理无情，必然会使安全思想工作呆板、无味，无法达到应有的效果；有情无理，必然会使安全思想工作失去原则性，因而也无真正的效果可言。只有把理与情有机结合起来，寓理于情，安全思想工作才会显示出其强大的生命力。

94. 如何凝聚涣散的人心

（1）稳字当头，不可病急乱投医

面对班组涣散的局面，应多看少动，不要只从表面现象或枝节上应付，急于提出一些不成熟的解决措施。如针对纪律涣散问题，不加区别地制定严格的规章制度，并对违规者实施惩罚。这种措施看似客观公正，但是由于导致涣散的根本问题没有解决，实施起来常常会引起大部分人的消极对待和反对，产生相反的效果，引起更大的混乱。所以，在没有全面了解涣散的原因之时，最好的方法是静观其变。当然，这里的静观不是无所作为，而是为深入调研做好充分的准备。

（2）调查研究，摸清根源

正确的班组安全工作决策，不会凭空产生，必须经过实际的调查研究，根据客观实际去思考问题、解决问题。在调研的过程中，要俯下身子，深入到员工当中，通过召开各种座谈会，组织问卷调查，进行安全思想感情交流，了解班组涣散的真正原因。在调查中，要善于运用唯物辩证法的矛盾分析方法，搞清楚各种矛盾之间的相互关系，抓住导致班组涣散的主要矛盾。

（3）选准突破口，将好事办好，实事办实

在调研的基础上，要精心筛选出员工反映最为强烈，同时在较短的时间内能够解决的几个实际安全问题，组织精干的班子，调动各种力量，实施突击，争取为员工解决一些实实在在的安全问题。应通过事实让员工相信班组是为大家办实事的，是有能力把班组建设好的，以此来激励员工的士气，更快、更好地凝聚人心。

（4）完善规章制度，按制度办事

在真正为员工办了实事、好事之后，班组的凝聚力和向心力会很快得到提升，但是要将这种良好的局面长期保持下去，除了继续为员工解决实际困难，还必须有一套客观、科学的规章制度加以保证。俗话说，没有规矩不成方圆，任何一个组织都要有相应的规章制度来约束人们的行为和协调各种关系，健全的规章制度对一个人心涣散的班组尤为重要。一个班组如果没有合格的管理制度，员工工作分工不明，员工各行其是，那么，个人行为的随意性和自私性必然导致矛盾和冲突，从而产生内耗，使班组整体丧失凝聚力、战斗力。同时，在执行制度的过程中，一定要严格遵守，敢于碰硬，树立起规章制度的权威性。否则，纵然有完备科学的制度，班组也只能是一盘散沙。

95. 帮助员工渡难关

（1）指点迷津、鼓舞勇气

俗话说："当局者迷，旁观者清。"对待困难与挫折，虽然人与人的感受不同，但困惑迷茫的心情是一样的，都渴望得到别人的指点和帮助。作为班组长，当员工遇到困难和挫折时，一要帮助员工辩证地看待困难，理顺关系，树立信心。要通过教育引导，使员工认识到困难与成功是相伴而生的，正是因为有了困难的烦恼，才会有成功后的喜悦。二要帮助员工对困难问题进行分析，切实找准问题的根源。在班组长看来不困难的事情，在员工那里就可能是不可逾越的障碍。因此，班组长要注意发挥自己认识问题站位高、协调工作便利、经验丰富的优势，帮助员工全面细致地分析当前面临困难的原因，总结失利、失误和失败的教训，使员工对困难和挫折有一个清醒的认识，特别要教育员工树立责己精神，让他们多从自身找原因，增强克服困难的信心和勇气。三要帮助员工疏导分散矛盾，调整心态。一个人遇到困难，特别是遭受重大挫折后，常常表现出不安、忧虑、愤怒、冷漠等不良情绪。这些情绪如果不能及时有效地得到克服和排解，势必影响身心健康，甚至使其丧失理智，进而导致再次受挫，形成恶性循环。作为班组长，要尽可能地采用最好的办法，减轻员工的思想负担，促使他们尽快愈合心灵的创伤，重新鼓起搏击奋斗的勇气。

（2）重点点拨，巧渡难关

一是当员工在安全工作、安全学习方面遇到困难和挫折时，班组长应做到：对员工从来没有做过的工作，要把功夫下在帮助员工理清思路上，既交任务，又教方法，既提原则要求，又讲具体方法；对因安全工作量大而对员工造成的困难，班组长要发挥牵头组织作用，分解工作、化解矛盾、量才而用，使员工既感到有一定的压力，又不至于背上包袱；对员工遇到的由多个焦点而形成的困难，要发挥班组组织的力量，运用大家的智慧，集体攻关。二是当员工在个人成长进步方面遇到困难和挫折时，要在帮助员工总结经验教训的基础上，积极引导员工正确认识愿望与现实、动机与效果之间的相互关系，校正员工认识问题的视角。在确定适当的期望值、明确实现的途径、选择摆脱困境的方法等方面，要因人而异、因事而异，对员工进行有针对性的具体指导，使之自觉摆脱阴影，鼓起勇气，提高应对各种困难与挫折的本领。

（3）养精蓄锐，积攒力量

作为班组长，当员工遇到困难和挫折的时候，帮一把是应该的，也是必须的。但必须清楚，锻炼培养员工应对各种困难的能力才是班组长最重要、最根本的职责。一要常提醒，常教育，磨炼员工的自励品格；二要常加压，常培养；三要常考验，常把关，培养员工应对复杂情况的能力。小挫不断，愈挫愈勇；小关常过，愈过愈坚。班组长要有意识地把员工推到安全生产的前台，让他们挑大梁、唱主角，给他们以锻炼和展示才华的机会；要为员工设置一些“峡谷”和“陷阱”，练就他们处置各种复杂安全问题的基本功，以适应未来更加艰苦、更加复杂、更加残酷的考验。

96. 正确运用批评语言

（1）宜区分对象，方式适人

不同的人由于阅历、年龄、文化程度、性格特征的不同，接受批评的态度和方式也迥然不同。这就要求班组长根据批评对象的不同特点，采用不同的批评方式。俗话说：“一句话，百样说。”这“百样说”就是指谈话的方式要因人而异。譬如，对于性格内向、善于思考的人，可采取提问引导的批评方式，使被批评者通过回答问题来反思、认识自身的缺点和错误；对于脾气暴躁、否定性心理表现明显的人，可采用商量探讨的批评方式，使被批评者置身于一种平等的氛围中，在心平气和的条件下虚心接受批评意见，避免一下子谈崩。

（2）宜言辞恳切，以理服人

人非草木，孰能无情？再难对付的员工，只要班组长晓之以理、动之以情、言辞恳切，把批评融进关切之中，就不会有说服不了的人。有一位脾气急躁的员工一周之内两次违章作业。班组长与他进行了一番真诚的谈话："一周内两次违反规定违章作业，真出乎我的预料。有人说你没有安全生产的意识，我不这么认为，恰恰相反我认为你是有安全生产意识的，只是一时疏忽，安全监察人员给我们指出来，对改进工作是有好处的。即使提的有出入，也不要当面争吵。我相信你能吸取这两次违章的教训，热情搞好安全工作，让事实证明你是好样的。"这番话，既有冷静的分析，又有热情的勉励和殷切的期望，使这位员工感到班组长尊重他，是在真情实意地帮助他改正缺点错误。

（3）宜注意场合，功效动人

私下批评与曝光式的批评是有区别的：一是影响范围不一样；二是"杀伤力"不一样；三是批评效果不一样。据统计，曝光式的批评导致的消极行为达33%，私下批评导致的消极行为只有11%。一般而言，宜采用私下批评的，就不要采取曝光的方式，要顾及被批评者的脸面和影响。但这只是问题的一个方面，问题的另一个方面是在某种条件下，公开曝光式批评具有私下批评所达不到的功效。例如，对某些通病或某些可能会发展成为普遍性的坏苗头进行批评，就要采用曝光的方式。

97. 赢得员工发自内心的尊重

（1）以尊重换尊重

班组长与员工在安全生产工作上虽然有明确的上下级关系，但并不意味着在相处时就可以压人一头、高人一等。作为班组长，一定要破除等级观念，甘于放下架子，平易近人，时时处处尊重和维护员工的人格尊严和个人利益，切不可自高、自傲、自大，以“一览众山小”的态度蔑视人，戴“有色眼镜”看人，甚至动辄颐指气使，让员工战战兢兢、敬而远之。其实，只要班组长在班组日常生活和工作中能对员工多一点宽容、多一点幽默，有时一次简短的表扬、一个赞许的眼光、一句善意的玩笑、一声亲切的问候，就能拉近彼此的距离，使员工感到自己受到了尊重，同时也能赢得员工打心底的爱戴和尊重。

(2) 真心实意地关爱员工

关爱员工，就是要时刻把员工的成长进步和冷暖疾苦挂在心上。班组长对员工倾注一片爱心，员工必然对班组长尊重服从。因此，班组长应始终把关心员工的成长进步和冷暖疾苦、为员工排忧解难作为自己的应尽职责。替员工着想，把员工的疾苦当作自己的疾苦来对待和处理，时时处处把困难留给自己，把方便让给员工，真正让员工体验到班组长的关心、帮助和温暖。如果班组长能真诚地关爱员工，始终与员工心连心、心贴心、同呼吸、共命运，即使工作方法和技巧稍差一点，也会令员工尊重和信服。

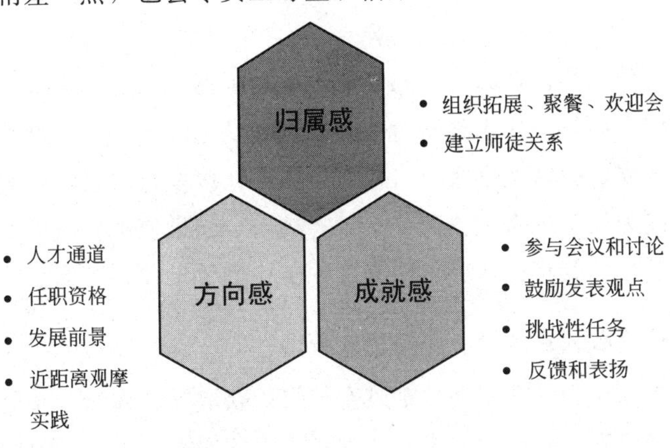

(3) 以良好的形象取信于员工

当前，少数班组长模范作用不强、自身形象较差的问题，已成为影响班组长与员工关系的一个重要因素。难怪有些员工说，最看不起的是为政不廉的领导，最不信任的是处事不公的领导，最不服气的是光说不干的领导。这“三个最不”很值得每个班组长深思。作为班组长，最重要的是要做到三条：一是要清正廉洁；二是要公道正派；三是要以身作则。常言道：“喊破嗓子，不如做出样子。”员工看班组长既察其言，更观其行。如果班组长人前说一套，人后做一套，言行不一，员工就会嗤之以鼻。如果言必信，行必果，就能赢得员工的尊重。

(4) 靠真才实学“征服”员工

职位只能赋予权力，不能赋予能力。面对当前日益激烈的竞争环境，作为员工，大多把跟着能力强、素质高的班组长工作作为一种自豪，把跟着没有水平的班组长视为一种窝囊。由此可见，班组长提高能力素质，既是现实所迫、职责所系，也直接关系着员工发自内心的尊重和信任度。每一个班组长都应该有一种“本领恐慌”感，始终紧跟时代发展、安全发展，及时调整自己的知识结构，根据角色的变换和要求，不断提高自己适应本职工作的知识水平和工作技能，真正以辉煌的业绩赢得员工发自内心的尊重。

98. 给员工一个勤奋工作的理由

有人说物质激励能使人勤奋工作，但是，根据马斯洛的需求层次理论，激励的方式也因人而异。知识经济时代，知识型员工较多，知识型员工需要的是尊重和自我实现，也就是别人对自己尊重和承认以及自己才能的充分发挥。因此，尊重已成为员工勤奋工作的一个重要理由。如果能让员工的尊重和自我实现需要得到满足，就可以达到促使其勤奋工作的效果。

(1) 实行分散式管理而不是等级式管理

班组安全工作中，知识型员工具有较强的获取安全知识、安全信息的能力以及处理、应用安全知识和安全信息的能力，这些能力提高了他们的主观能动性，同时也使得他们常常不按常规处理日常事情。班组长对这类员工应实行特殊的宽松管理，尊重其人格，激励其主动献身与创新的精神，而不应使其在僵硬的规章制度束缚之下被动地工作，导致其对安全工作创新激情的消失和勤奋工作原动力的丧失。要营造一种善于倾听而不是充满说教的氛围，使其能够积极主动地参与安全工作决策，而非被动地接受命令。

(2) 实行弹性工作而不是僵硬的工作规划

知识型员工都有一个共同特征，那就是有坚忍不拔的毅力和顽强拼搏的精神，越是困难的工作越能提起他们的工作兴趣，越能使他们发挥特长、干劲十足，甚至废寝忘食。他们更多地从事脑力工作，固定的场所和工作时间对他们没有多大意义。他们常常喜欢独自工作的自由以及更有张力的工作安排。因此，班组长在安排工作时，在不违背大原则的前提下，应多体现其个人的意愿和特性，避免僵硬的工作规划束缚其创造力。

(3) 讲究策略，满足其自尊心

对于员工的工作，要自始至终充满尊重、理解和信赖。要讲究策略，给他们以特殊的礼遇以示尊重，甚至在用词上都要特别讲究。为了能满足员工的自尊心，班组长应尽量少用“必须怎么做”之类的词语，多用“这样做如何”之类的词语，以完全平等的态度对待员工，尊重他们。班组长应掌握“怀柔”艺术，以耐心和亲切的态度去感化那些“顽固”的员工。一个有创造性的员工，即使其有令人难以容忍的错误和缺点，或是骄傲自负，班组长也要和他搞好关系，从而使他明白班组长最了解和懂得他的贡献。同时，班组长在必要时也可以故意表现出自己的疏忽，让员工来提醒自己，这样他们就可以产生出一种自己很能干的优越感。

(4) 把员工的失败当作自己的失败

在班组安全工作中出现错误是不足为奇的。班组长会犯错误，员工也会犯错误。在这里，最重要的事情并不是首先追究犯错误的员工的责任，而是要以非常宽阔的胸怀揽过于己。这样做，会使自尊心和责任心很强的知识型员工感到不安和内疚，促使他们自觉地更加勤奋地工作，以弥补自己的过失，报答班组长的恩德。假如班组长没有这样基本的精神准备，你就会成为“一切好事都由自己独占，而把坏事推给员工或别人”的典型的官僚主义者，员工也不会信赖你。

99. 班组安全工作谈心的“甜酸苦辣”

(1) 甜

“甜”就是嘴巴要甜，要使用平易近人、和蔼可亲、柔韧委婉的语言，不要简单粗暴，侮辱谩骂。古人说：“攻人之恶，勿太严，要思其堪受；教人之善，勿太高，当使其可以。”有的班组长与员工安全工作谈心喜欢“下猛药”，喜欢“逼一逼”，开口就一阵狂轰滥炸，始终进行“有罪推理”，有的甚至伤及对方的人格尊严，结果不但解决不了问题，反而引起班组长和员工关系紧张，矛盾激化。诚然，良药苦口利于病，但苦口良药也要以能吞得下为宜，若是不苦岂不更妙？反之，如果因为良药太苦吃下去又吐了出来，不但无济于事，还要受到身心的折磨。所谓“天地之气，暖则生，寒则杀”“春风育物，朔雪杀生”，都是这个道理。

（2）酸

“酸”就是心肠要“酸”，就是能与人产生心灵共鸣，要能“悲他人的悲伤，乐他人的欢乐”，不要隔岸观火。安全工作谈心说到底是一种心灵的碰撞，是一种感情的交流，而感情的交流从来都是双向的，没有真情实感，不能引起感情的共鸣，再美的语言也难以打动人。鲁迅先生说：“是弹琴人么，别人心上也须有弦索，才会出声；是发生器么，别人也须是发生器，才会共鸣。”要解开别人的思想疙瘩，首先就必须走进对方的心灵；要想以理服人，必先以情动人。如果在与员工安全工作谈心时以真心换真心，以真情换真情，获得员工心理上的认同，便可拆开彼此心灵间的藩篱，从而找到安全工作谈心的突破口，产生事半功倍的效果。

（3）苦

“苦”就是勇于吃苦，要锲而不舍、持之以恒，不要拈轻怕重、半途而废。思想是人类世界里最难以把握的因素。与员工谈心不是“1＋1＝2”的简单计算，也不是酸碱中和的化学反应，更没有一劳永逸、亘古不变的方法和模式。尤其是在日新月异的时代里，社会上形形色色的思潮对安全思想工作造成的冲击是前所未有的，没有一点敢于吃苦的精神，想做好安全工作谈心是不容易的。针对安全工作谈心中出现的复杂问题，不要奢望有什么“一抓就灵”的灵丹妙药，而要有不解决问题不撒手的韧劲，一次不成，就反复去做。只要有精诚所至的耐心，就会有金石为开的效果；只要具备绳锯木断、水滴石穿的精神，就不愁没有峰回路转、柳暗花明的结局。

（4）辣

“辣”就是批评要辛辣，要敢于较真，不要只栽花不栽刺，当“好好先生”。工作中安全思想问题最多的也许是已经犯错误或有犯错误苗头的人。成功的安全工作谈心是一剂良药，对已经犯错误的人而言可以治病，对有犯错误苗头的人则可以预防。辛辣的安全工作批评虽然辣，但可以醒人。

100. 班组安全工作要善于增强亲和力

（1）学会尊重

人常说：“你敬我一尺，我敬你一丈。”“我敬你一丈，不求你敬我一尺。”尊重他人绝不能以获得别人的尊重为目的，更不能为获得尊重而故意讨好献媚。尊重是相互的。班组长与员工在工作上虽然有明确的上下级关系，但并不意味着在相处时就可以压人一头、高人一等。班组长要赢得员工发自内心的尊重、理解和关心，必须尊重每一位员工。在现实工作中，人人都希望得到别人的特别是上级领导的尊重、理解和关心，班组长对员工尊重，就是对他们最好的奖励。其实，只要班组长在日常工作和生活中能对员工多一点宽容、多一点理解，有时甚至是一句善意的玩笑，就能拉近彼此之间的距离，融入彼此的感情，使员工多一份尊重。

（2）学会关心

要学会真诚地关心他人，只有真正关心他人，才能赢得他人的注意、帮助和协作。关心他人，还要通过具体行动表现出来。大凡涉及员工关注的热点、敏感问题，不仅要关心，还要做到秉公办事、不徇私情、不搞特权，以自己的表率行为带动员工树立良好的道德风尚。关心他人同其他人际关系原则一样，必须出于真诚。不仅付出关心的人应该这样，接受关心的人也理当如此，这是一条双向通道——两者兼受其益。因此，在班组长领导过程中要达到激励人的目的，就必须坚持并恰当地运用情感，充分发挥情感的作用。

（3）学会放弃

当你前进时，你要学会放弃，放弃升迁的机会、放弃荣誉、放弃报复诽谤过你的人、放弃支配的欲望等。放弃了这些，就会得到他人的尊重与信任，就会得到他人的感激与报答，就会赢得人心，并展示出班组长为人的博大胸怀和做事的恢宏气度。这无形中也就把自己塑造成了具有高尚道德和品格的优秀的领导。

（4）学会认错

“人非圣贤，孰能无过。”班组长在与他人意见发生分歧时，有人常自以为是，而有人却先考虑一下他人的想法。作为班组长，如果有错就应立即承认；如果存在分歧，即使承认考虑不周或认个错也不会导致麻烦。要敢于承认错误，不要为自己的错误辩护。认错，不仅能使自己获得一种好的结果，而且也能给人一个良好的印象，如果能在他人对你形成看法之前认错，他人就会对你采取宽厚、原谅的态度。这是班组长宽宏大量和高尚品格的体现。

参考文献

[1] 崔政斌. 班组安全建设方法 100 例. 2 版. 北京：化学工业出版社，2011.

[2] 崔政斌，王明明. 压力容器安全技术. 3 版. 北京：化学工业出版社，2020.

[3] 崔政斌. 石跃武. 防火防爆技术. 2 版. 北京：化学工业出版社，2010.

[4] 崔政斌，崔佳. 危险化学品安全技术. 北京：化学工业出版社，2010.

[5] 崔政斌. 建筑施工安全技术. 北京：化学工业出版社，2009.

[6] 崔政斌，张卓. 机械安全技术. 3 版. 北京：化学工业出版社，2020.

[7] 崔政斌. 起重安全技术. 2 版. 北京：化学工业出版社，2009.

[8] 崔政斌，石跃武. 企业职业健康知识 300 问. 北京：化学工业出版社，2008.

[9] 赵良省. 噪声与振动控制技术. 北京：化学工业出版社，2004.

[10] 王凯全. 化工生产事故分析与预防. 北京：中国石化出版社，2008.

[11] 罗云. 注册安全工程师手册. 2 版. 北京：化学工业出版社，2013.

[12] 时进军. 现代企业设备点检定修管理与实践. 北京：机械工业出版社，2015.

[13] 崔政斌. 提高企业生产现场安全管理水平的途径. 化工安全与环境，2000（42）.

[14] 崔政斌. 动态安全管理的原理与实践. 化工安全与环境，2003（16）.